إسمُهم اليَوم

Their Name is Today

إستعادة حقّ الطفولة في عالمٍ معادٍ

D1719641

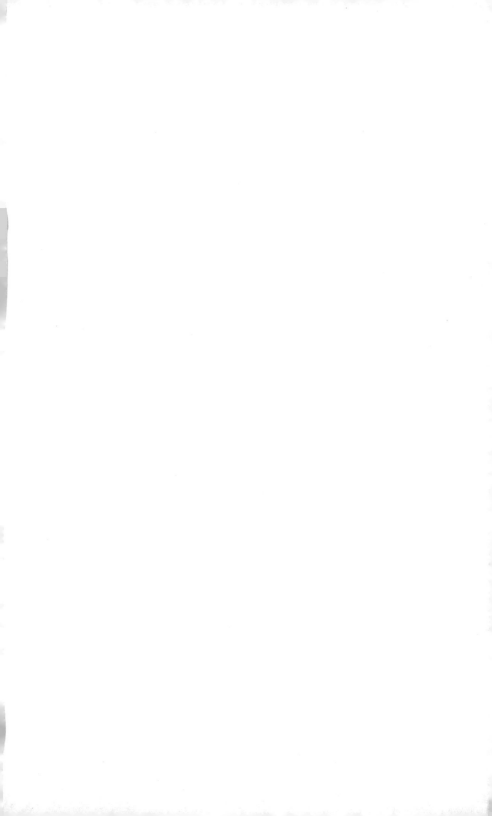

إِسـمُهم اليَوم

Their Name is Today

إِستعادة حقّ الطفولة في عالمٍ معادٍ

يوهان كريستوف آرنولد

Johann Christoph Arnold

المقدمة بقلم

مارك ك شرايفر

Mark K.Shriver

رئيس شبكة عمل منظمة انقذوا الأطفال

Save the Children Action Network

دار المحراث للنشر

PLOUGH PUBLISHING HOUSE

أن كتاب «إسمُهم اليَوم» عن نسختة الأصلية بالإنكليزية
«Their Name is Today» هو من إصدار دار المحراث للنشر
Plough Publishing House وعناوينها كالآتي:
Robertsbridge, England
Rifton, New York
Elsmore, Australia
www.plough.com/ar

الترقيم الدولي للكتاب : ISBN: 978-0-87486-037-5
طبعة سنة 2016م

الأرقام الصغيرة في خلال النص للهوامش والمصادر الموجودة في آخر الكتاب .

تعريف الطفل: تم تحديد عمر الطفل وفقا للمادة الأولى من اتفاقية الأمم المتحدة الدولية لحقوق الطفل – يونيسف – في عام 1989م كالآتي: «كل إنسان لم يتجاوز الثامنة عشرة، ما لم يبلغ سن الرشد قبل ذلك بموجب القانون المطبق عليه.» لذلك وعندما نذكر في هذا الكتاب الأطفال أو الأولاد فالمقصود بهم الأشخاص من بنين وبنات دون سن الثامنة عشرة الذين في عهدة الوالدين والمعلمين .

نحن مذنبون بالكثير من أخطائنا ومعاصينا،
غير أن أسوأ جريمة لنا هي الانصراف عن واجباتنا
تجاه الأطفال،
وإهمالنا لينبوع الحياة.
فيمكن تأجيل العديد من الأشياء، عدا الأطفال.
لأن اليوم تتشكل عظامهم، ويتكون دمهم،
وتنمو أحاسيسهم، ويبلغون.
فلا يحقّ لنا أن نقول لهم: «غدا»
لأن اسمهم اليوم.

جابرييلا ميسترال
Gabriela Mistral
شاعرة متميزة ودبلوماسية ونسوية وتربوية تشيلية،
وحائزة على جائزة نوبل في الأدب لعام 1945م

محتويات الكتاب

مقدمة الكتاب

أراهنكم بأن هذه المقدمة ستكون أقصر مقدمة رأيتموها في حياتكم! لماذا؟

لأني لا أريد تأخيركم أكثر من دقيقة أو دقيقتين عن قراءة كتاب صديقي العزيز يوهان كريستوف آرنولد.

إنه كتاب جيد حقا.

فأنا أيضا، وعلى غرار الكاتب يوهان كريستوف، قد شرّفني العمل مع الأطفال من كافة الأعمار خلال مشوار مهنتي التربوية. فمنذ دراستي الجامعية، كنت أقوم بمساعدة الطلاب المضطربين اجتماعيا في المدارس الثانوية لأحياء المدينة الفقيرة.

أما بعد دراستي الجامعية، فقد قمتُ باستحداث برنامج تربوي جديد لمساعدة الأحداث الجانحين في مدينة بالتيمور الأمريكية. وأثناء عملي كمدير للّجنة المشتركة المعنية برعاية الأطفال والشباب والأُسر في المجلس التشريعي لولاية ماريلاند Maryland، تعاونت مع خبراء - وطنيين ودوليين - أخصائيين في تنمية الطفل، وقمنا بسنّ بعض القوانين بهدف مساعدة الأطفال الصغار للدخول إلى رياض الأطفال لكي يكونوا مؤهلين للتعلّم. وعلى مدى السنوات الاثنتي عشر الماضية، كان لي شرف العمل في المنظمة الإنسانية

الدولية أنقِذوا الأطفال Save the Children، والمساهمة في تقديم بداية سليمة وفرص للتعلُّم وحماية من الأذى للأطفال في الولايات المتحدة الأمريكية وفي كافة أرجاء العالم، لأن الأطفال جديرون بأن يتنعموا بالطفولة.

أما على صعيد البيت، فأنا وزوجتي جين Jeanne، متزوجان لمدة اثنتي وعشرين سنة، وقد باركنا الله بثلاثة أولاد: مولي Molly (بنت، 16) وتومي Tommy (ولد، 14) وإيما Emma (بنت، 9).

وقد صارعنا مثلكم في العديد من المسائل التي يطرحها يوهان كريستوف في هذا الكتاب الرائع، بدءا من تأثير الأجهزة الإلكترونية، ومرورا بضغوط الدراسات الأكاديمية، والافتقار إلى اللعب الحرّ غير المُقيَّد والتلقائي - الضروري لتنمية صحتهم النفسية والبدنية والاجتماعية وتطوير مواهبهم وقابلياتهم - وإلى العنف والفقر اللذين يواجهما الأطفال يوميا.

وغالبا ما نتناقش أنا وجين في كيفية التعامل مع هذه المسائل بالذات أثناء تربيتنا لأولادنا. أما المصاعب فتترامى علينا بسرعة وبشراسة، فيصيبنا الإرهاق. وحاولنا القيام بالتصرف الصحيح، وإجراء تغييرات كبيرة عليه كلما كبر أولادنا.

وكم تمنيت لو كتب يوهان كريستوف هذا الكتاب قبل سبعة عشر عاما، أي قبل أن نصبح أنا وجين والدين! لكان قد ساعدنا في جبهات التربية على صعيد المجال السياسي وأيضا على صعيد وظيفتي التربوية.

إن القصص التي يكتبها يوهان كريستوف ساعدتني، أنا وزوجتي، في عملية التفاعل مع أولادنا ومع أصدقائهم في جميع مجالات الحياة، وأنا على يقين بأنها ستساعدكم في بيوتكم، وصفوفكم، وجيرانكم.

ولو أردتَ اكتشاف الحِكَم التربوية عن كيفية تنشئة الأطفال

وزرع المحبة فيهم ليصيروا أكثر رأفة وذوي حساسية مرهفة أكبر لمشاعر الآخرين، وأكثر جرأة وثقة بالنفس، وذوي اعتماد أكبر على النفس، وفيهم طمأنينة نفسية، وغير أنانيين؛ ولو أردت أن يتمتع أولادك بمحبة أكبر وبفرح أكثر، فابدأ بالقراءة!

وشارك الآخرين هذا الكتاب. أما أنا فقد شاركت سلفا العديد من الأصدقاء نسختي غير المطبوعة من الكتاب حتى أن صفحاته كانت مطوية الزوايا. وتأثروا به كما تأثرتُ أنا به. فردّ أحدهم قائلا: «يجعلني هذا الكتاب أن أتمنى الرجوع إلى الماضي وتصليح بعض أساليبي التربوية مع أطفالي. . . .»

لقد كتبتُ أكثر من اللازم. فتابعوا القراءة وتعلموا من صديق حكيم يحب ويقدِّس الأطفال، حيث يمكن لكلامه أن يعلمنا كلنا، وعلى اختلاف أعمارنا، على تقديم الفرح وتلقّيه أيضا.

المقدمة بقلم

مارك ك. شـرايفر Mark K. Shriver

رئيس شبكة عمل منظمة انقذوا الأطفال

Save the Children Action Network

ومؤلف كتاب:

A Good Man: Rediscovering My Father, Sargent Shriver

تمهيد

لقد آن الأوان لإصدار كتاب متفائل عن الطفولة. إذ أننا نعيش في أوقات عصيبة حيث فَقَدَ الكثيرون فرحهم بالحياة، وفي كل مرة ينتابنا اليأس أو تخور عزيمتنا فما علينا إلا أن ننظر إلى الأطفال. فبالرغم من أنهم أضعف الناس في وسط ثقافة يومنا الحاضر ذي الحياة السريعة الإيقاع، لكن مع ذلك، فلابد لثقتهم فينا ولحماستهم التي لا تُكبح أن تبعثا فينا العزم لمواصلة الحياة دائما.

وهناك عدد طافح من الكتب عن التربية وعن دور الآباء - كتب تعطينا إحصائيات كئيبة وتحذيرات مخيفة عن مستقبل مجتمعاتنا وأبنائه.

غير أن هناك أسبابا كثيرة لعقد الآمال، لأنه يوجد في الولايات المتحدة الأمريكية وفي كافة أرجاء العالم الكثير من الناس الذين يهتمون وبكامل الغيرة بالأطفال، لكنهم غالبا ما يشعرون بالإرهاق، عندما يجاهدون لوحدهم في تلك المعارك في سبيل ما هو صالح وصحيح. وأريد في هذا الكتاب أن أجمع أصواتهم ليتعرّف الناس على نصائحهم النفيسة ومثالهم الجريء.

وهذا الكتاب مكرّس بالدرجة الأولى والأساسية لجميع الأطفال،

أينما كانوا. وهو مكرّس أيضا للآباء والأمهات والمعلمين الذين يهتمون بهم ليل نهار. وهؤلاء الناس أبطال حقيقيون في نظري، فهم يواجهون شتى أنواع المشاكل الصعبة والجسيمة في خطوط المواجهة الأمامية على الصعيد اليومي.

ويجب علينا أجمعين، أي على كل فرد منا، أن يصبح محاميا ومناصرا للأطفال وللأهالي وللمعلمين، ويجب تشجيعهم ودعمهم كلما استطعنا، وأيضا إيجاد السبل لجعل حياتهم أسهل إلى حد ما.

وليس بوسع كتاب واحد أن يغيّر العالم، غير أن الآباء والمعلمين قادرون على ذلك – من خلال محبة كل طفل يُعهد إليهم. ولهذا السبب، تجد هذا الكتاب بين يديك. وآمُلُ أن تلقى فيه عزاء وتشجيعا وتتشدّد عزيمتك وتتحمّس لتستمع إلى الآخرين ممن لديهم أطفال أو يعملون مع الأطفال يوميا، الذين يقاسمونك الحماسة والالتزامات نفسها التي في صدرك نحو الأطفال.

وكل النصائح الحكيمة المختارة في هذه الصفحات متجذّرة في واقع الحياة اليومية. وهذا ما يعطيني الأمل. لأنه مهما بدا الأفق مظلما، فيجب أن لا ننسى أبدا أن في كل صباح جديد هناك فرصة لبداية جديدة، لأطفالنا ولنا على حدٍّ سواء.

تمهيد الكتاب بقلم المؤلف

يوهان كريستوف آرنولد Johann Christoph Arnold

من منطقة ريفتون، ولاية نيويورك

Rifton, New York

الفصل الأول

العالم بحاجة إلى أطفال

لو لم يكن لدينا تواصل مع الأطفال لأصبحنا مجرد مكائن للأكل وكسب الأموال.

قول من جون أبدايك John Updike

روائي وشاعر وكاتب قصص قصيرة وناقد أمريكي

إن صرخة المولود الجديد تلمس القلب. إذ تقول: «أحبِبني. ساعدني. اِحمِني.» ونحن البالغين نحسب أنفسنا كمساعدين وحماة لهم. غير أنني كلما فكرت أكثر في الموضوع زادت قناعتي بأننا نحتاج إلى الأطفال أكثر من حاجتهم إلينا.

ويخبرنا الاختصاصيون أن الاكتظاظ السكاني يدمّر الأرض. أما أنا فلا أتفق معهم في هذا: إن ما يدمّر كوكب الأرض هو الجشع والأنانية وليس الأطفال. لأن الأطفال يولدون كمعطاءين وليسوا كآخذين. ولو كان عندنا شيئا من الحكمة لرؤية الحقّ الذي يجلبونه معهم إلينا، لأدركنا أنهم بالحقيقة يولدون أيضا كمعلمين لنا. وبالرغم من تعقيدات حياتنا - نحن الكبار - فيجب علينا أن نخصص وقتا لاستيعاب الدروس التي لا يُعلِّمها لنا سوى الأطفال.

أما الأطفال فيطالبوننا بالأمانة والبساطة. ويتوقعون منا أن يتطابق كلامنا مع أفعالنا. وبالرغم من أنهم يغضبون بسرعة إلا أنهم

يسامحون بالسرعة نفسها، مقدمين للآخرين العطية العظيمة لبداية جديدة وفرصة جديدة. ولديهم إحساس قوي بالعدالة والإنصاف. ثم إنهم ينظرون إلى كل شيء بعيون جديدة، فيلفتون انتباهنا إلى جمال الطبيعة الرائعة التي من حولنا.

ولكم أن تتخيلوا ماذا سيحدث لو طبقنا قيم الأطفال هذه على حكوماتنا وعلى سياساتها الخارجية وعلى نهج شركاتنا التجارية وعلى قرارات البيئة وعلى النظرية التربوية.

أن المجتمع الذي لا يرحِّب بالأطفال محكوم عليه بالهلاك. وعلاوة على ذلك، فلا تبدو المشاكل المكدسة أنها لصالح الأطفال أو لصالح القائمين على رعايتهم، سواء كانوا من الأهالي أو من المعلمين. وفي الوقت الذي تكبر تدريجيا الفجوة بين الأغنياء والفقراء، تكبر أيضا نسبة الأسر الفقيرة التي ليس بمقدورها تسديد نفقات المعيشة الأساسية مثل مصاريف السكن والتأمين. وفي العديد من المدن، فقد استوجبت الظروف العائلية المُتأزِّمة زيادة حاجة العائلات إلى رياض الأطفال لتصل إلى 24 ساعة في اليوم. وليس لدى الأهالي الذين يشتغلون لساعات طويلة خلال اليوم أي خيار سوى أن يسلموا أولادهم إلى مقدمي الرعاية الذين يتعيّن عليهم أن يتولوا مهام الوالدين التقليدية مثل تلبيس الأطفال، وتقديم وجبة الفطور، والاهتمام بهم خلال فترات الإصابة بالأمراض؛ وتنويمهم في الليل.

وفي أثناء ذلك، يجري تسليم قواعد وتوجيهات حكومية جديدة وغير مجرّبة إلى المعلمين والطلاب تهدد بدورها الأصالة الطفولية لطبيعة الأطفال وأيضا قابلياتهم. أما أصوات من يعارض تلك المقررات فنادرا ما تصل إلى مسامع صانعيها من السياسيين.

لقد اشتغلت المعلمة المتقاعدة والمستشارة التربوية بيفرلي براكستون Beverly Braxton لصالح الأطفال على مدى عقود،

لكونها كانت تقدم النصائح التربوية إلى الأهالي. وها هي تلخّص المشكلة التي نحن بصددها كما يلي:

غالبا ما أسأل الناس في محلتي عما يتخوفون منه وعما يقلقهم بالأكثر عن موضوع نشأة الأطفال في عالم اليوم. فيذكر معظم الناس قائمة من مخاوف مماثلة وهي كالآتي: كثرة الوقت الذي يقضيه الأطفال في مشاهدة التلفزيون والإنترنت والألعاب الإلكترونية والموبايل، وكثرة تعرضهم للأفلام الجنسية الإباحية وللعنف، وافتقارهم إلى الوقت الأسري والحياة الأسرية وإلى وجبات الطعام الأسرية وحلول ظاهرة الأكل الانفرادي على عجل وكيفما اتفق، والإجهاد الناجم عن طموحات التفوق الأكاديمي، وقلة اهتمام الأطفال بقضاء بعض الوقت في حب الاستطلاع لما هو خارج الغرفة مثل اللعب في ملاعب الأطفال أو استكشاف الطبيعة أو زيارة الجيران وما شابه ذلك. غير أنني عندما كنت أسألهم فيما إذا كان لديهم أية أفكار بشأن الكيفية التي يمكن بها معالجة هذه القضايا، فكل واحد منهم كنت أكلمه كان يهزّ أكتافه باستياء وكأنه مغلوب على أمره وليس في يده أية حيلة.

قد يبدو الاستسلام ردّا مفهوما لهذه الشرور المتشابكة، لكنه ليس الردّ الوحيد. فلو بدت كل هذه المخاوف كبيرة جدا للتعامل معها في آن واحد، فيمكن لكل واحد منا أن يبدأ على الأقل برعاية الأطفال الذين نقابلهم كل يوم.

لقد ترعرعتُ أنا وزوجتي فيرينا Verena في أسر كبيرة،

وقد رزقنا الله بثماني أولاد. ثم رزقنا الله بأربعة وأربعين حفيدا بالإضافة إلى ابن لأحد أحفادي، لحد هذه اللحظة. ونشكر الله على كل واحد منهم.

وخلال مدة زواجنا، التي شارفت على الخمسين عاما، سافرنا معا إلى جميع أنحاء العالم. وأمضينا وقتا في العديد من البلدان النامية بالإضافة إلى المناطق الحربية مثل رواندا والعراق وغزة وإيرلندة الشمالية خلال أزمنة الاضطراب. وقد التقينا في كل سفرة من سفراتنا مع المئات من الأطفال. ولمسنا في مدارسهم تصميما عظيما للدراسة رغم قلة التمويل المالي. وأرانا التلاميذ، وعيونهم مليئة بالحماس، ماذا كانوا يتعلمون، وأنشدوا لنا الأناشيد، وجعلونا نحسّ بترحيبهم لنا. وقد مشى بعضهم عدة أميال من أجل نعمة التعلُّم المشرِّفة ويداوم في المدرسة. أما الجوع والمصاعب التي كانت شعوبهم تكابدها فلم تكن ملامحها بادية على وجوه الأطفال بعد.

لقد رأينا لدى بعض الشعوب الأكثر فقرا في العالم أن الأطفال بالنسبة إليهم يُعتبرون كنزا وطنيا. فكان الأطفال يمثلون مستقبل الحضارة بأكملها وليس مجرد ورثة للقب الأسرة. وكان لدى القرى حتى الأكثرها حرمانا مدرسة في موقع مركزي للقرية، تم إنشاءها بجهود جماعية لمجتمع القرية وبما تيسر لهم من تجميع مواد قليلة بجهود جهيدة.

وكلما كنا نعود إلى أمريكا كنا نصطدم بالفارق الثقافي. وبالرغم من أن العالم الغربي مدجّج بالمال، غير أن مراكز رعاية الأطفال والمدارس فيه لا يدخلها سوى قلة من الأطفال نسبيا. فهل تُعتبر أماكن التعليم مركز حياة المجتمع عندنا؟ وهل يُعتبر الأطفال كنزا وطنيا لدينا؟ فمن حيث أنهم سيصبحون من ذوي الدخل في المستقبل وستكون لديهم قوة شرائية، فالجواب: نعم، لكن هل يُنظر إلى كل

فرد من الأطفال على أنه إنسان فريد بحد ذاته وتنعقد الآمال عليه لتجديد الحضارة؟ فالجواب: لا، ليس كثيرا. وفي الحقيقة، فغالبا ما يتمحور النقاش كليّا حول تقدير الإيجابيات والسلبيات الناجمة عن إنجاب الأطفال، مثل: المجازفات المالية، والتكاليف الطبية المُكْلِفة، وأعباء التربية.

وعندما تحدثتُ عن هذا الطابع الاقتصادي في النظرة إلى الأطفال مع أسرة جارة لنا، ستيف وشانون Steve and Shannon، ولديها أربعة أطفال، أجابت الزوجة شانون إجابة قاطعة قائلة:

> للأسف، عندما تخبرنا وسائل الإعلام وأيضا العالم الذي يحيط بنا، بأن «الطفل يكلف كذا» فإن هذا بحد ذاته يسلط ضغطا كبيرا على الناس ويسبب قلقا عارما في نفوسهم. فيجب أن يقولوا: «ما مقدار المحبة التي بإمكاني تقديمها؟» وليس: «كم لك من المال؟»
>
> وعندما يرى أغلب الآباء مولودهم لأول مرة، فلا يقولون: «ردّه إلى مكانه» أو: «لا أريد المولود.» وسوف استصعب تخيّل وجود والد (أو والدة) لا يريد النظر إلى عيني مولوده والشعور بمحبة فورية، وبإحساس غامر بالفرح.
>
> فما نفع أن يكون الإنسان فرحانا لو لم يكن لديه شخص يشاركه الفرحة؟ فهل يستطيع الإنسان الحصول على فرح بمفرده - أي بمعنى فرح أناني؟ إذ أنه من المفترض إهداء الفرح إلى الآخرين؛ فكلما زاد عدد أولاد الأسرة زاد مقدار الفرح الذي يمكنها نشره إلى أولئك الذين من حواليها ومن ثم مضاعفته.

على الرغم مما تريد حركة child-free (الداعية إلى عدم الإنجاب) إقناعنا به، إلا أن إنجاب الأطفال أمر طيب وسليم وطبيعي. ولا يجوز تصوير دور الوالدين في التربية بأنه مجازفة مالية تعجيزية أو عبء عاطفي ونفسي كبير. كما أنها ليس من اختصاص الخبراء فقط. إلا أنها تحتاج فعلا إلى قلب نابض بالمحبة للأطفال وإلى أن نرضى بتقديم التضحيات من أجلهم. فبدون الاستعداد للتضحية، كيف يسعنا اختبار معنى الحياة والغرض من الوجود؟

وبطبيعة الحال، هناك العديد من الناس المعتادين على تقديم التضحيات، والعمل في ظروف صعبة أو في وظائف خطرة بدون مقابل أو بأجور زهيدة لا تُذكر. وقد نتوقع منهم أن يجادلوننا بأنه من الصعب جدا حماية طفل في عالم مخيف ومحفوف بالمخاطر مثل عالمنا الحالي وذلك لأن الطفل هو مجرد إنسان ضعيف وعاجز. غير أن محادثة لي مع أحد رجال الشرطة الشباب كانت تتحدى هذا الافتراض أيضا.

فمن بين خدماتي الرعوية المتنوعة، أقدم خدمة المشورة كقسيس في مؤسسات الشرطة المحلية والقومية. فتعطيني هذه الخدمات فرصا للانضمام إليهم في خدمة المحتاجين في المحافظة والبلد. وأذكر على سبيل المثال مارك Mark، وهو من أحد ضباط الشرطة الذي أقدم له المشورة، فقد دخل مرة في مشادة كلامية كبيرة مع شاب كثير المشاكل وكان عليه أمر إلقاء قبض صادر منذ فترة طويلة. وعندما حاول الضابط إدخاله إلى الحبس تحوّل الموقف إلى عنف.

وفي أثناء إحدى جلسات المشورة التي أعقبت انخراط مارك بذلك الحادث العنيف، أخبرني مارك كيف أثّر ذلك الحادث عليه كثيرا. فأخذ مع خطيبته يعيدان ترتيب أولوياتهما وقررا الزواج سنة قبل الموعد المخطط له. وفي الحقيقة فقد تشرّفت بتقديم صلاة بركة

لهما عند زفافهما، ومن ثم بتقديم صلاة بركة لولادة ابنهما. فحكى لي مارك أفكاره عن التربية:

كنا نفكر باستمرار في الإنجاب. غير أن مخاوفنا الرئيسية هي عن مستقبلهم. فهل سيعيشون في عالم من الفوضى، غير قادرين على الاستمتاع بنشأتهم، وخائفين دائما على أرواحهم؟ وما نسبة النجاة في المستقبل؟ وأدركنا ضرورة تنشئة الأولاد على الأخلاق الحميدة والسلوك الصحيح - «جنود الغد.» إن المسألة متروكة لنا لتنشئة أولادنا ليصبحوا مثلما نريد للعالم أن يصبح. ومساهمتي ليوم الغد وللمستقبل هي أن أعلّم ابني القيم، مثل تعليمه الفرق بين الصح والغلط. وعلى الرغم من الوضع المرعب للعالم الذي ينحدر نحو الجحيم فيمكنني تقديم شيء نافع لإنسان واحد على الأقل.

أما نحن فلن نعمّر هنا إلى الأبد، فينبغي أن نورِّث ما باستطاعتنا، وإلا توقف كل شيء هنا. لقد تعلمت الكثير من جدّي. فسوف يستاء جدّي لو توقفتْ عندي كل تلك المعرفة والدروس الحياتية التي ورّثني إياها. لذلك، أحسّ بارتياح عند توريثها لجيل جديد. فبوسع ابني أن يأخذ على عاتقه هذه المهمة وآمل أن يورِّثها لأولاده.

وتشبه التربية ركوب قطار الموت (رولو كوستر) في مدينة الملاهي، أي بمعنى فيها صعود ونزول. فليست المسألة سهلة دائما، غير أنها من ناحية أخرى ليست صعبة دائما. ويكون الجزاء على قدر ما تدفعه من ثمن. فما تتقاضاه أكبر بكثير من التضحية التي تقدمها مثل عدم تمكنك من الخروج مع أصدقائك إلى المقهى أو القيام بأي شيء آخر تحبه، وقد

تنظر إلى كل هذه الأمور بأنها «عبء» ثقيل عليك. إلا أنه ليس هناك أحلى من المشاعر التي تحس بها عندما يعانقك أولادك بأيديهم. وبمجرد نظرة إلى عيني الطفل سوف تعلم بأنهم موجودون في هذه الدنيا بفضلك أنت، وسوف ترى كيف يستكشفون العالم من حواليهم - فلا يمكنك التعبير عن تلك المشاعر بالكلمات. لقد كان جزء من كياني محبوسا عليه لسنين طوال، والآن بدأ يعود ويخرج وأصبحتُ أتعلم كيف ألعب كطفل مرة ثانية.

فإني أتعامل مع واقع قاسٍ كل يوم. غير أنه ما أحلى أن أعود إلى البيت ليلا ولا أفعل شيئا سوى الجلوس هناك ومشاهدة ابني ينام - فهذا ما يجعل دنياي على ما يرام.

ربما يقول المتشككون بأن الكلام سهل عن الترحيب بالإنجاب بالنسبة إلى أسرة لديها أبوين ووظيفتين. غير أنني سمعت الرسالة نفسها من شخص لا يملك كل تلك الامتيازات. فهناك ممرضة بسيطة للرعاية المنزلية واسمها ليسا Lisa، التي ربّت بنتها لوحدها. فها هي تحكي تجربتها:

يسألني أصدقائي باستمرار كيف تمكنتُ من تربية ابنتي. أما أنا فلست متأكدة لحد الآن من الإجابة. إلا أنه يسعني القول بأنها كانت صعبة للغاية. ويمكنني إخبارهم بأننا لم نكن نأكل إلا عندما كنا نحصل على طعام، وكانت أحيانا مرة في اليوم. ويمكنني إخبارهم عن مقاسمتنا أنا وبنتي لفراش واحد أمام مدفأة معيوبة مليئة بالعطلات. إلا أن بنتي التي عمرها الآن 19 سنة ستخبركم قصة مغايرة بحسب نظرتها

هي: كيف متنا مرة من الضحك لغاية ما قلبنا المدفأة، وكيف بكى مرة أحدنا على أكتاف الآخر. وبطبيعة الحال، كان بودها أن يكون لها أب. وطبعا، لم أنقطع عن الصلاة لأجله، إلا أنه لم يرجع، لكن، ماذا كان حالي لو لم تكن بنتي معي؟ فلا أعتقد بأني كنت سأنجو وأتدبر أمور حياتي لوحدي. فلا أطيق تحمل الحياة بدونها.

ليس جميع الأطفال محظوظين مثل بنت ليسا، التي ربتها أمّ شجاعة وشاطرة، أو مثل ابن مارك، بوالديه الأشداء بعزيمة قوية في بيت تملأه الطمأنينة والأمان العائلي. غير أني وجدت أن الأطفال يبقون في جوهرهم أطفالا حتى أولئك المحرومين من التنعم بطفولة سليمة. فربما يكونون ضحايا لمشاكل الوالدين في البيت مثل المعاملة السيئة أو الإدمان، أو التفكك العائلي. غير أنهم وبالرغم من أن نفسيتهم خائفة إلا أنهم ينظرون إليك بعيون مليئة بالأمل. ويمكنك رؤية الأسئلة في عيونهم: «ماذا بوسعك عمله لأجلي؟ أين أجد مكانا أتلاءم فيه مع هذا العالم؟» وتعلمتُ خلال السنين أن لكل طفل قصة حياة يريد التحدّث بها. وتحتاج كل قصة إلى شخص لديه وقت للاستماع ليحكيها الطفل له، كأن يكون ذاك الشخص، أحد الأبوين أو معلم موثوق به أو مرشد اجتماعي.

لقد أسسنا أنا وزوجتي برنامجا يدعى كسر الدائرة Breaking The Cycle، هدفه تقديم الجواب الإيجابي لحل النزاعات بأسلوب اللاعنف والمسامحة إلى المدارس، حيث هناك خوف من إطلاق النار على المدارس، فضلا عن العنف والبلطجة لعصابات الأولاد، التي كلها تؤثر على الأطفال والمعلمين والأهالي. ووصل مرة عدد الطلاب في إحدى مجالس المدارس إلى عدة آلاف. أما رؤية مثل هذا البحر من

وجوه الأطفال فتبعث على الإلهام، لكن أيضا على القلق والتأمُّل والتفكير الجاد بهم. وفي كل مجلس من هذه المجالس المدرسية أتذكر القول اليهودي من المذهب الحسيدي: «لو أنقذت طفلا واحدا لأنقذت العالم.» ومن الضروري جدا أن نخبر الأطفال بأنهم مهمون وأعزاء علينا؛ وبأننا مخلوقون من أجلهم وبأننا نحبهم.

لقد أصبح هاشم كاريت Hashim Garrett من أحد المتحدثين الرئيسيين في هذا البرنامج. وعندما كان في سن الخامسة عشر تم إطلاق النار عليه ست مرات في هجوم للعصابات فخلفته الحادثة مشلولا جزئيا من منطقة الخصر وإلى أسفل. فامتلأ في البداية بالغضب وبالرغبة في الانتقام. غير أنه أدرك في الوقت المناسب أن مسامحة الجاني ستحرّره من فخ الكراهية، وتعطيه الفرصة لمساعدة الآخرين.

وقال هاشم، وهو مسلم ملتزم، أن إيمانه هو الذي أرشده إلى المسامحة والغفران. وقد ساعده إيمانه هو شخصيا مع زوجته أيضا في اتخاذ قرارات حاسمة على صعيد الجبهة الأسرية في بيتهما عندما يصارعان مع صعوبات تنشئة الأولاد تنشئة مسؤولة، فها هو يقول:

لقد باركني الله بزوجتي مايا Mia الرائعة، وبطفلين رائعين. وباعتباري زوجا معاقا، فإن ذلك هو امتحان لي. فهناك أشياء لا أستطيع فعلها مع زوجتي وطفليّ. فلا أستطيع اللعب في البحر مع طفليّ أثناء الإجازة. ولا أقدر أن أعلمهما كيفية ركوب الدراجة الهوائية. غير أنهما يعرفان أن أباهما يحبهما كثيرا. وقد تعلمت أن كمية ممتلكاتنا ليست مهمة بالحقيقة، وإنما نوعية الوقت الذي نقضيه معا. فعندما أكون في البيت، ألعب معهما، وأحتضنهما، وأحممهما، وأطعمهما،

وأقرا معهما، والأهم من كل شيء، نصلي معا.

وعندما أرسلنا بنتنا بعمر سنتين لتداوم في الرعاية النهارية، اعترانا شعور كبير من الضعف؛ لأنها كانت المرة الأولى التي تركنا فيها طفلنا الوحيد في رعاية الغرباء. ويبدو أنه أمر لا يمكن تجنبه أبدا. وكانت بنتنا هارموني Harmony تداوم في تلك الروضة لمدة تسع ساعات في اليوم بينما كنتُ أشتغل وزوجتي مايا تدرس في المدرسة. وبعد فترة، بدأنا نلاحظ تغيرات في السلوك والشخصية على هارموني. فصارت تبكي، وتحتدّ وتغضب، ولا تريد أن تذهب إلى المدرسة في الصباح. فلم تعد بنتنا هي نفسها التي نعرفها.

ففكرت زوجتي بجدية بالتوقف عن الدراسة لكي تبقى في المنزل مع هارموني. ففي بادئ الأمر، كنت قلقا جدا على انحدار السلوك الاجتماعي لبنتنا هارموني وعلى افتقارنا إلى الخبرة في مجال التعليم. وكنت أتصور كيف سيعتب أقاربنا وأصدقاؤنا علينا ويسألوننا: «لماذا أردتما إخراج بنتكما من رعاية الأطفال؟» ثم كان هناك التضحية المالية في مدخولنا التي يتطلبها بقاء أحد الوالدين في المنزل، في حين يعمل الآخر بدوام كامل.

فوصل الأمر حدّه. فكنا كأسرة نقضي أغلب ساعات النهار بعضنا بعيد عن بعض وكنا نستنزف طاقاتنا المادية والنفسية على أمور لا تمت بصلة إلى أسرتنا. فغابت الضحكة عن بيتنا. فقررنا أخيرا أن نبدأ بالتعليم المنزلي لبنتنا هارموني.

وساهم قرارنا هذا بتحويل بيتنا إلى مكان حيث الجميع فيه يتعلم. فتعلمتُ أنا وزوجتي التحلي بالصبر مع طفلينا. وتعلمنا أن نحب، ونضحك، ونقدّر الأشياء الصغيرة.

وتعلمنا أن يغفر بعضنا لبعض.

لقد أخذ هاشم ومايا بنظر الاعتبار كل الصعوبات المحتشدة ضدهما: عجز هاشم، وتحديات اقتصادية، واحتياجات طفليهما. ثم اختارا طوعيا وبوعي كامل أن يعطيا الأولوية لطفليهما. ولا يوجد عندهما أي شيء أهم من تلك السنوات العزيزة التي قضياها معا كأسرة ووضعوا الأساس لانطلاقة صحيحة.

وغالبا ما كان الرئيس الأمريكي فرانكلين روزفلت Franklin D. Roosevelt يؤكد على هذه المهمة الأساسية للأسرة في المجتمع، فيقول:

ندرك جميعا أن الروحية داخل المنزل هي من أهم العوامل المؤثرة في نمو الطفل. ففي الحياة الأسرية، ينبغي أن يتعلم الطفل أولا الثقة في قدراته، واحترام مشاعر وحقوق الآخرين، والشعور بالأمان وحسن النية المتبادلة، والإيمان بالله. لذلك، فإن نوعية الحياة التي يبنيها الآباء والأمهات داخل الجدران الأربعة لبيوتهم هي المسؤولة وإلى حد كبير عن الحياة الاجتماعية والحياة العامة للبلاد في المستقبل.

ومثلما أننا لا يمكن أن نرعى الطفل بمعزل عن أسرته، فكذلك فإن مصلحته مرتبطة أيضا بالكثير من المؤسسات الأخرى التي تؤثر في نموه - المدرسة والكنيسة والوكالات التي تقدم نشاطات مفيدة لقضاء وقت الفراغ. . . . أما الأموال والجهود المضنية المبذولة في هذه المؤسسات العامة والخاصة فسيكون مردودها أضعاف المرات.[1]

كم مرة انحرفنا نحن كشعب عن هذه الرؤية! فبالرغم من إن تنشئة الأطفال وتربيتهم تحتاج إلى شجاعة، إلا أننا نحصد بالمقابل ثمار رائعة ومجازاة عظيمة. ويمكن للآباء والمعلمين أن يتركوا إرثا لا يُنسى. غير أن عملنا يجب أن لا يتوقف عند هذا الحدّ. فيلزمنا أن نتكلم جهرا خارج جدران المنزل أو الفصول الدراسية.

ونيابة عن جميع الأطفال، يلزمنا أن نقلب الأولويات الوطنية في بلادنا رأسا على عقب، وذلك بجعل الإنفاق على الأطفال في الجزء العلوي، والبنادق والقنابل في الجزء السفلي - هذا لو أبقينا الأسلحة بالأساس. فيمكن مضاعفة عدد المدارس الجديدة في جميع أنحاء البلاد، وليس مضاعفة عدد السجون الجديدة، ويمكن للسياسيين أن يفوزوا بالانتخابات على أساس أفضل موضوع يطرحونه من على منصاتهم الانتخابية ألا وهو عن موضوع التربية والتعليم، وليس عن أصعب نهج للتعامل مع الجرائم أو عن أشرس نهج للسياسة الخارجية.

فالعالم بحاجة إلى الأطفال، ولكنهم يحتاجون إلينا أيضا.

ونحن مدينون لهم بأكثر من مجرد إبقائهم على قيد الحياة. كما عبّر عن ذلك الشاعر الهندي رابندرانات طاغور Rabindranath Tagore كما يلي:

> إن الأطفال هم كائنات حية - وأكثر حيوية من البالغين، الذين تقوقعوا بأساليب محددة متحجرة. لذلك فإنه من الضروري جدا لصحة الأطفال النفسية ولنموهم أن لا يكون لديهم مدارس لدروسهم فحسب، بل حتى عالم كامل تتسم روحيّته الإرشادية بالمحبة الشخصية لهم.[2]

في كل يوم يولد أطفال جدد في عالمنا، وكما كتب طاغور فإن كل طفل يجلب معه إلينا، «الرسالة المتجددة بأن الله لم يَيأسْ من البشر ولم يتخلَّ عنهم.» إنها فكرة عجيبة لكنها تحمل تحديا أيضا. فلو لم يفقد الخالق أمله في جنسنا البشري، فمن نكون نحن لنفعل ذلك؟

الفصل الثاني

اللعب هو شغل الطفل

اللعب يمثل أفضل تعبير للنمو البشري في مرحلة الطفولة، لأن اللعب وحده يمثّل التعبير الحرّ لما في روح الطفل.

قول من فريدريش فروبل Friedrich Froebel

تربوي ألماني ومؤسس مفهوم رياض الأطفال

لا يمكن للتعليم الحقيقي أن يحصل بالإجبار أبدا - فالطفل نفسه ينبغي أن يريد أن يتعلم. وغالبا ما تكون هذه الرغبة في التعلم مُقفل عليها في أعماق الطفل، لذلك فإن مهمة المعلمين أن يكتشفوها ويشجعوها. إلا أن المشكلة على أرض الواقع هي أن التعليم عمره ما كان صعبا مثل ما هو عليه الآن في هذه الأيام. لأن العديد من الأطفال يقضون ساعات طوال في كل يوم مع القائمين على رعايتهم أكثر مما يقضون مع أهاليهم. وكثيرا ما يأتون من عائلات مفككة إلى صفوف تعاني من نقص في المعلمين ونقص في التمويل. ويدخل هؤلاء الأطفال في أغلب الأحيان إلى صفوفهم وهم متمردون وعليهم من ناحية أخرى مراقبة شديدة، فيحاولون تجاهل المعلمين خوفا من أن تخذلهم شخصية أخرى ذات سلطة تربوية.

ومع ذلك، فإن دور المعلمين الآن أكثر أهمية من أي وقت مضى، وأهم جزء من العمل هو ليس التعليم الدراسي. فينبغي أن ندع الأطفال أن يكونوا أطفالا لأطول مدة ممكنة. فهم بحاجة إلى وقت حرّ ومجال غير مقيّد للتعبير بحرية عما يريدون. وهم بحاجة إلى أن يلعبوا. فالأطفال ليسوا بحاسبات إلكترونية أو روبوتات يمكن برمجتها وفقا لرغباتنا؛ فلديهم قلب وروح، وليس دماغ فقط.

إن فريدريش فروبل Friedrich Froebel الذي أسس مفهوم رياض الأطفال، كان تربويا ألمانيّا من القرن التاسع عشر، الذي كان لديه أعظم موهبة ألا وهي قدرته على معرفة ما هو العالم في نظر الطفل. ولهذا السبب فإن فلسفته التربوية فيها منطق سليم لكل من يحب الأطفال حتى بعد مئتي عام تقريبا. وعندما صاغ اسم «روضة الأطفال،» فإنه كان يقصد فعلا ما تعنيه الكلمة، حيث تجري تنمية كل طفل بالمحبة والرعاية نفسهما اللتين تُقدمان للشتلات النباتية. وكان يعلم أن البشر هم أساسا كائنات مبدعة وشفوقة، فلابد أن يشمل التعليم تنمية هذه الخصال.

وكثيرا ما كان فروبل يتحدث عن أهمية اللعب للأطفال قائلا: «إن الطفل الذي يلعب بعزم وبمثابرة، وإلى حدّ الإنهاك، يصبح شخصا قوي العزيمة عندما يكبر، وقادرا على التضحية في سبيل خيره وخير الآخرين على حد سواء.»

لقد سمعت هذا القول طوال حياتي، لأن والدتي، أنا ماري Annemarie، كانت من أحفاد فروبل. وكثيرا ما كان والداي يتحدثان عن رؤيته بخصوص مرحلة الطفولة. وفي الحقيقة والواقع، فإن أسرة والدتي كانت تدير مدرسة فروبل الواقعة في قرية ألمانية صغيرة تدعى كايلهاو Keilhau لسنوات عديدة، إلى أن جاء النازيون واستولوا عليها.

وأبقت والدتي روحية مدرسة كايلهاو حيّة خلال كل سنوات الحرب العالمية الثانية، أثناء هجرة أسرتها من ألمانيا إلى إنكلترا، ومن ثم إلى باراغواي، وأخيرا إلى الولايات المتحدة الأمريكية. وبفضل التزامها بتراثها التربوي، استفاد أولادي وأحفادي وغيرهم كثيرون من أسلوب فروبل. ورأيناه أسلوبا ناجحا ومثمرا فعلا.

وفي كتاب «Froebel Educational Laws for All Teachers» (أي بمعنى القواعد التربوية لفروبل لجميع المعلمين) يستخلص كاتب هذا الكتاب التربوي جيمس هيوز James Hughes الكثير من حِكم مدرسة كايلهاو ويلخصها في أفكار يسهل فهمها اليوم كما يلي:

> كان فروبل يعترض على كل نظام يقوم بتضخيم المعرفة على حساب الطفل، وكانت حياته كلها احتجاجا على أساليب «قولبة وسبك» الأطفال التي يستعملها المعلمون الذين يفشلون في التعرف على قدسية الفردية عند الطفل. وما كان يثمنه هو ليس الطاقة بل الطاقة الإبداعية. فكان يهدف إلى تطوير وتحسين تلاميذه بدلا من جعلهم مجرد «آلات» ولجعلهم، بحسب ما أتقن قوله، «أشخاص أحرار لهم تفكيرهم الخاص وقادرين على الاعتماد على الذات.»[1]

أن بعضا من أعظم التربويين في أمريكا ممن له رؤى تربوية متميزة درس فلسفة فروبل وبنى عليها. فلعبت على سبيل المثال التربوية إليزابيث بيبودي Elizabeth Peabody دورا أساسيا في تأسيس رياض الأطفال في جميع أنحاء أمريكا. وابتكرت كارولين برات Caroline Pratt فكرة القطع الخشبية (التي يصففها الأطفال لبناء أشياء متنوعة) في عام 1913م، ثم إنها أسست في السنة التي تلتها

مدرسة نموذجية تتألف من روضة ومدرسة ابتدائية باسم «City and Country School». كما أسست التربوية لوسي سبراغ ميتشل Lucy Sprague Mitchell مجمع تربوي باسم «Bank Street College of Education» مع التركيز على تعليم الطفل في سنواته الأولى. فصارت هؤلاء النساء رائدات في نهج التعليم من خلال اللعب، وعبّدْنَ الطريق للآخرين ليقتدوا بهن، وما تزال مدارسهن قائمة كمنارات لتعليم «كامل الطفل» ومشددة على الفعاليات البدنية والتعبير الإبداعي.

ونجد اليوم الكثير من التربويين المدافعين عن أهمية اللعب والاستكشاف منتشرين في كل مكان. وفي الحقيقة، يعرف جميع المعلمين الجيدين أن اللعب في حد ذاته لا يمكن الاستغناء عنه في حياة الطفل. فهو ليس لأنه أفضل طريقة لتعليم الصغار فحسب، بل أيضا ضروري لنمو روحية الطفل وكيانه كله. وبالحقيقة، ينبغي أن لا يحتاج اللعب إلى الكثير من التفسيرات الدفاعية، لأنه هو بحد ذاته يعرّف الطفولة.

غير أن إدوارد ميلر Edward Miller وجوان آلمون Joan Almon من المؤسسة التربوية «Alliance for Childhood» يذكران تقريرا في كتابهما «Crisis in the Kindergarten» مفاده أن اللعب مستمر في الاضمحلال من حياة الأطفال الصغار في زماننا المعاصر. ويدعمان بياناتهما بالبحوث الدراسية والشواهد الدامغة، ويلخصان النتائج التي توصلا إليها كما يلي:

لقد تغيّرت رياض الأطفال في العقدين الماضيين تغيّرا جذريا بطرق لم يفطن بها سوى قلة من الأمريكيين. فيقضي الأطفال الآن أوقاتا طويلة جدا في تلقي التعليم وفي خوض امتحانات

في القراءة والكتابة ومهارات الرياضيات أكثر من أسلوب تعليمهم من خلال اللعب والاستكشاف وتمرين أبدانهم على الحركة والعمل واستخدام مخيلتهم. وتستخدم العديد من رياض الأطفال مناهج دراسية مبرمجة ومحددة بكثير من التفاصيل ومتزمتة للغاية لكي تتماشى مع المعايير الجديدة للدولة وربطها بامتحانات موحدة. وصار من المفروض على المعلمين في عدد متزايد من رياض الأطفال الالتزام بالمنهاج الدراسي المحدد الذي لا يجوز لهم أن يحيدوا عنه. لذلك، فإن مثل هذه الممارسات غير المؤسسة على البحوث، تنتهك المبادئ العريقة لتنمية الطفل والتعليم السليم. ويزداد الأمر وضوحا بأنهم يسيئون إلى كل من صحة الأطفال وفرص نجاحهم في المدرسة على المدى البعيد.[2]

إن بعض التغييرات السيئة جدا التي طرأت على نهج التربية جاءت من البرامج الدراسية التي تقررها الحكومة التي تسلب الأطفال فرصتهم للتعلم من خلال اللعب وتزيد أعباء المعلمين بشكل غير مسبوق من خلال التضييق والتشديد عليهم بضغوط وأيضا بتفاقم كتابة تقارير البيانات. وفيما أراقب هذا التوجه وهو يزداد في النمو في كل عام، فأنا أتفق تماما مع الملاحظة التي جاء بها عالم الفيزياء الشهير ألبرت أينشتاين Albert Einstein، عندما قال: «إنها معجزة حقا عندما ينجو حب الاستطلاع عند الأطفال ويبقى حيّا بالرغم من ضغوط وتقييد نهج التعليم الرسمي.»

وغالبا ما تبدو الدوافع وراء توحيد الأنظمة التعليمية صحيحة في ظاهرها. ويقول السياسيون أنهم يريدون «إصلاح» نظامنا التعليمي المعطوب لكي يتمكن أطفالنا من المنافسة على الساحة

العالمية. ويتحدثون عن العودة إلى الأساسيات، وإتقان الأساسيات الثلاثة للتعليم الابتدائي: القراءة والكتابة والحساب، وتوثيق نتائج المتغيّرات. والكثير من هذه المقررات الحكومية تأتي كنتيجة مباشرة لدعوة أولياء الأمور والناخبين إلى التغيير والإصلاح.

إلا أننا ينبغي أن ننظر بإمعان في نوع التغيير الذي يحتاجه الأطفال نفسهم. فالبرامج الصادرة عن المؤسسات السياسية البعيدة تأتي بشروط وتقييدات ثقيلة. فالأعمال الورقية الإضافية تبعد المعلمين عن الأطفال الذين يحتاجون إلى رعايتهم. والأطفال مشوشون فكريا بسبب شتى أنواع الفحوص وجلسات التشخيص لتقييم مؤهلاتهم في سن ينبغي أن يقضوه في اللعب. وعلى ما يبدو، فإن صُنّاع القرار يتجاهلون حكمة المعلمين الذين بإمكانهم أن يخبروهم عن الكيفية التي يتعلم بها الأطفال.

ومثال على ذلك، قصة الاستقالة الأخيرة التي قدمتها المعلمة سوزان سلويتر Susan Sluyter، التي نُشرت في صحيفة واشنطن بوست كالآتي:

أكتب إليكم اليوم لأخبركم بأني سأستقيل من وظيفتي كمعلمة للروضة والتمهيدي في المدارس العامة لمدينة كامبريدج. وتوصلت إلى هذا القرار ببالغ الحزن، لأني أحببت وظيفتي، ومجتمع مدرستي، وعائلات الأطفال، والهيئة التدريسية الرائعة والمتفانية التي ارتبطتُ بها في أرجاء المنطقة على مدى الثماني عشرة سنة الماضية.

ففي هذا العصر المزعج المليء بإجراءات الفحوص وجمع البيانات عن الأطفال في المدارس العامة، بدأت أرى مهنتي تتحول إلى وظيفة لا تتوافق مع مفهومي للأسلوب

الذي يتعلم به الأطفال ومع ما يجب على المعلم القيام به في الفصول الدراسية لخلق بيئة تنموية ملائمة وسليمة وآمنة لكي يتمكن فيها كل طفل من أطفالنا أن يتعلم.

لقد شهدتُ على مدى السنوات القليلة الماضية المقررات التربوية نفسها التي شهدها جميع المعلمين في قاطع المديرية المدرسية التابعة لنا. فكنت ألاحظ كيف صارت متطلبات وظيفتي تبتعد تدريجيا عن التركيز على الأطفال، وأساليب التعلّم الفردية، واحتياجاتهم النفسية، وأسرة كل واحد منهم، واهتماماتهم، وقدراتهم، وتتجه نحو التركيز على إجراء الفحوص وإملاء استمارات التقييم، وإعطاء درجات، وبالتالي الإكثار من المطالب الدراسية ومن الضغوط عليهم. وصار يُطلب مني في كل عام قضاء المزيد من الوقت لحضور الدروس والندوات للتعرف على مطالب دراسية جديدة التي لا تناسب في الحقيقة الروضة والتمهيدي بل الصف الأول والثاني.

كما اضطررت إلى تحديد مواعيد جديدة لحضور المزيد والمزيد من الاجتماعات بشأن تزايد ظاهرة السلوك المتطرف والمعاناة النفسية للأطفال في صفي؛ أما أنا فأعرف تفسير تلك التصرفات وكأنها تصرخ إلى الكبار في عالمهم الخاص وتقول: «لا أستطيع فعل هذا! أُنظر إليّ! تعرّف عليّ! ساعدني! انتبه إليّ!» وغيرتُ أسلوب ممارستي للوظيفة على مدار السنين لأتيح لنفسي الوقت الضروري والتركيز على جميع المتطلبات التي تأتينا من فوق. على أن هناك المزيد في كل سنة. وعلى مدار السنين، لم يعد لديّ وقت كافٍ لتعليم الأطفال الذين أحبهم بالأسلوب الأفضل الذي أراه أنا – وإنما

وجب علينا العمل بما ينصح به خبراء تنمية الطفل. ووصلت إلى حدّ في العام الماضي بحيث بدأت أحسّ فيه بأني جزء من نظام معطوب يضرّ أولئك الأطفال الذين أريد خدمتهم.

وكنت أحاول تمشية الأمور بأقصى ما يمكنني ضمن جماعة زملائي المعلمين الذين كانوا يصارعون هم أيضا لعمل الشيء نفسه؛ أي للتكيّف مع المقررات الجديدة وتمشية الأمور في آن واحد، ولمواصلة الحفاظ على التعليم الصحيح على قدر استطاعتنا، والتأكيد على ما نؤمن به من تعليم جيد لصفوف الدراسة التمهيدية. إلا أني بدأت أحسّ إحساسا داخليا بالانتقاص من كرامتي. وأحسست بروحي وبمشاعري كمعلمة يهرُبنَ مني، وبنشوب الغضب في داخلي. ورأيت بأني بحاجة إلى النجاة والنظر إلى أية جهة أخرى وترك مجتمع عملي الذي كان عزيزا على قلبي. فلم أحسّ بأني تركت وظيفتي، بل أحسست آنذاك ولحد الآن بأن وظيفتي تركتني.[3]

هناك الكثير من المعلمين ممن يحسّون بالشيء نفسه. إلا أن السياسة الحكومية للتربية والتعليم تسير بعكسهم، ويشعرون بأنهم مضطرون إلى ترك مجال عملهم. فالتعليم يحتاج إلى محبة كبيرة، وإلى حكمة، وإلى صبر. كما أنه يحتاج إلى وقت لاكتشاف أفضل ما في كل طفل، ومن ثم التركيز على هذا الجانب وتنميته. فماذا يحدث عندما تجري سرقة هذا الوقت الثمين من المعلمين؟ ومتى سيحصلون على الفرصة اللازمة لبناء علاقة مع كل طفل بأسلوب التفاعل البسيط واللعب، اللذين تحصل فيها أفضل لحظات التعليم بالحقيقة؟

وتتكلم التربوية ماكي دينت Maggie Dent بكل جرأة في الدفاع عن اللعب فتقول:

إن اللعب الحرّ غير المُقيَّد الذي يرمي إلى مصلحة الطفل له فوائد جمّة للصغار، وهذه الفوائد لا يمكن قياسها أو تدقيقها ببرنامج كومبيوتر إلكتروني، لأن قابليتنا نحن البشر في التفكير الإبداعي واستنباط الحلول للمشاكل التي نصادفها تأتي بفضل استعمالنا للنظام الذهني الذاتي في استكشاف الدنيا من حوالينا. فما أحوجنا في عالمنا المعاصر الذي تجتاحه التغيرات السريعة إلى تثمين التفكير الإبداعي الذي له قابلية ابتكار الحلول! فلا توجد أجوبة في الكتب المدرسية عن كيفية تدبير المواقف عند حصول أحداث أو تغييرات مفاجئة وغير متوقعة، لذلك ترانا نُسيء إلى أولادنا عندما نجعلهم معاقين وعاجزين وذلك بسرقة قابليتهم في استخدام اللعب كأداة للتعليم، وللاستطلاع، ولطرح الأسئلة والاستفسارات، ولحل المشاكل بدون مساعدة الكبار. فالأطفال متحمسون لأن يتعلموا من تجاربهم، بشرط أن تثير تلك التجارب اهتماماتهم وأن يشتركوا فيها فعليا.[4]

يزداد الضغط على الأطفال في كل سنة لتعلُّم أشياء كثيرة زائدة فوق «طاقتهم» وَ «سنّهم.» إلا أننا نسمع من ناحية أخرى قصصا مشجعة عن تربويين يلتفون من حول المقررات والأنظمة أو حتى يخرقونها في سبيل الأطفال. وها هي التربوية من مدينة نيويورك الدكتورة شيرون سميث سانشيز Dr. Sherone Smith-Sanchez تحكي لنا قصتها:

لقد رفضنا أنا وزوجي رفضا قاطعا السماح لابننا بأداء الامتحانات الوزارية لولاية نيويورك. فقررنا الانسحاب وعدم المشاركة في تلك الامتحانات عندما كان في الصف الثالث الابتدائي، ومرة أخرى هذا العام في الصف الرابع. ونحن - كتربويين - على يقين من أن ابننا صغير جدا لاستيعاب مفهوم الامتحان والتعامل معه، إذ يمتحنوه في بداية السنة لمعرفة مستوى معرفته وقتذاك، ثم يمتحنوه في نهاية السنة الدراسية ليتحققوا مما تعلمه أو مما لم يتمكن من تعلمه.

إن الاختبار في مثل هذه السن المبكرة لا ينسجم مع ما نطمح لابننا إلى أن يصبح مفكرا ناقدا ومحبّا للتعلّم طوال أيام عمره. ونحن نعلم أن الأطفال يتعلمون من خلال الاشتراك الفعلي والقيام بالنشاطات العملية. ونحن نعلم أيضا بأنه إذا كانت قمة دراسته التعليمية للصف الثالث أو الرابع تتمثل في مجرد أداء الامتحانات، فسوف يلاقي ابننا صعوبة وإحراج في استعمال وتطبيق معلوماته في المستقبل. لذلك، قررنا عدم دعم هذا الإجحاف في حقه وهو بهذا العمر. وقد أخبرنا الآخرين باعتراضنا المتواضع هذا، وما زلنا مستمرين في تشجيع بقية الآباء والأمهات والتربويين على التكلم بهذا جهرا ومن دون أي خوف أو تردد.

وتخبرنا مادلين Madeleine، وهي والدة من ضواحي ولاية كونيتيكت Connecticut، عن بحثها عن روضة بديلة ملائمة للأطفال، فتقول ما يلي:

في نهاية الأمر، تكاتف عدد من العائلات الشابة من أمثالنا لإنشاء روضة أطفال خاصة بنا، ليتسنى لنا تأجيل الكثير من الدراسات النظرية، على الأقل لغاية الصف الأول الابتدائي، وذلك لقضاء الكثير من الوقت في الهواء الطلق خارج غرفة الصف «للتعلّم العملي.» وأفضل ما في مدرستنا الصغيرة هو موقعها الذي كان ضمن بناية مركز رعاية المسنين، حيث تفاعل أطفالنا مع كبار السن على صعيد يومي، مثل الاستماع إلى قصصهم الرائعة، ومرافقتهم عند القراءة وعند وجبات الغداء، ولعب لعبة «bat-the-balloon» وهي ضرب البالونات بين فريقين متقابلين حيث اشترك أطفالنا مع المقيمين في جناح الزهايمر (مرض خرف الشيخوخة).

وبدلا من تعلمهم الأبجديات عن طريق حفظها من لوحة معلقة على الجدار، فإنهم يتعلمونها من خلال لعب البنكو مع ناس بعمر الثمانين. وربما لا يكونون متقدمين في دراساتهم مثل نظرائهم في المدارس العامة، إلا أننا، نحن الآباء، ليسوا قلقين بشأنهم. إذ يغلي حبّ الاطلاع عند الأطفال، وتراهم متحمسين لتعلّم أفكار جديدة، وعلى استعداد للمباشرة «بالقراءة والكتابة والحساب» لو قدمنا لهم شيء عملي يمكنهم تطبيق هذه الأمور فيه.

وأراقب بنتي البالغة من العمر خمس سنوات داخلة في محادثة مع امرأة مسنّة ليس بمقدورها أن تتكلم الآن سوى بعينيها وبابتساماتها. وهي منحنية الظهر ومليئة بالتجاعيد، وتحتاج إلى كرسي متحرك، إلا أنها مفعمة بالحياة مثل طفلة الروضة الواقفة بجانبها. وفي الجهة الثانية من الغرفة هناك رجل مسنّ يقول كل ما يخطر على باله. ولم أسمع منه ولا

مرة أي سياق جملة فيها معنى. أما الصبي الصغير الذي يدردش معه فمن الواضح أنه ليس لديه أية مشكلة في متابعة الحديث. فكانوا يتحدثون لمدة عشر دقائق.

إن هؤلاء الأطفال لديهم عطية عظيمة. فلم يعودوا يخافون من السن والإعاقة، وهم يتلقون بقدر ما يعطون من خلال هذه التفاعلات والاحتكاك بين الأجيال – وهم يساهمون، دون أن يعرفوا ذلك، في إصلاح النسيج الاجتماعي الممزق. فالأطفال كانوا لآلاف السنين يجلسون عند أقدام شيوخ القرية ليتعلموا عن الحياة. ثم يركضون فجأة إلى الخارج ليلعبوا مع كل ما يصادفهم ويشبع اهتمامهم. وهذا أيضا هو تعلّم.

في فنلندا وفي العديد من البلدان الأوروبية الأخرى، لا يبدأ الأطفال بالتعليم الدراسي النظري إلا عند سن السابعة. وبالمقارنة مع الدول المتقدمة، فإن هؤلاء الطلاب يقضون أقل عدد من ساعات الدراسة في غرف الصفوف، إلا أنهم من ناحية أخرى، وفي نهاية سنوات الدراسة العامة، يحتلون باستمرار القمة في الترتيب العالمي للتعليم. لأن مفهوم التعليم في هذه البلدان الأوروبية ببساطة هو أن الأطفال يتعلمون بشكل أفضل عندما يلعبون لغاية سن السابعة؛ فعندما يأتون أخيرا إلى المدرسة في سن السابعة، نراهم متحمسين جدا للتعلّم في بيئة أكثر رسمية. وهناك أيضا قدر أكبر من الاحترام الشعبي في الدول الأوروبية للمعلمين بالمقارنة مع الولايات المتحدة، والشيء ذاته بالنسبة إلى الرواتب.[5]

توجد حقيقة عميقة في فكر أفلاطون حين قال: «في البلد الذي يكرمون فيه الناس شيئا معينا تراهم يثقفون أجيالهم به.» فما الشيء

المكرّم في بلادنا تكريما حقيقيا؟ أهو رعاية قلوب الأطفال وأفكارهم، أم هو الاستعداد الوظيفي؟

يكتب فروبل في كتاب «The Education of Man» (و يعني: تربية الإنسان) ما يلي:

> اِحْمُوا الجيل الجديد؛ ولا تدعوهم يكبروا في فراغ وتفاهة، ولا في تجنب عمل شاق نافع، ولا في تفكير مقتصر على الذات وتحليل فكري بدون أن يرافقهما أفعال، ولا إلى تصرفات تلقائية دون تفكير وأخذ الآخرين بنظر الاعتبار. واعملوا على توجيههم ليبتعدوا عن الجري الضار وراء الأشياء السطحية والميول المدمرة لعدم التركيز. . . . وابتغي أن أربي جيلا من الناس بحيث يقفوا وأقدامهم متجذرة في أرض الله، وتطال رؤوسهم السماء وينالوا منها الحقّ، وتتحد في قلوبهم الأرض والسماء.[6]

أن كل طفل مختلف عن الآخر. ولدى كل واحد منهم مجموعة فريدة من القابليات، ومخلوقة لهدف معين. فلماذا يُفرض عليهم تطبيق مستوى تعليمي موحَّد؟ ونحن نعلم بأن أفضل طريقة لتعليم الأطفال هي من خلال اللعب، وعلاوة على ذلك فإن اللعب يخلق أيضا الفرح، والاطمئنان النفسي، وتصفية البال من متاعب اليوم. لذلك، يجب أن يكون لكل طفل الحقّ في اللعب، حتى لو كانت ثقافتنا المعاصرة قد عبّأت جدول حياتنا تعبئة كثيفة زيادة عن اللزوم.

الفصل الثالث

توقعات الآباء الكبيرة

أتأسَّفُ دائما على أني لم أعد حكيما كما كنت عليه يوم ولادتي.

قول من هنري ديفيد ثُرو Henry David Thoreau

مؤلف أمريكي ومثالي وطبيعي وداع لإنهاء العبودية ومدافع عن العيش البسيط ومؤرخ وفيلسوف

قرأت مقالة في إحدى المجلات عن مدرسة في كينيا، تعطي الدروس لصفوفها في بستان تحت ظلال الأشجار في الهواء الطلق. وذكر مدير المدرسة، الذي كان قد شارك في زراعة الأشجار في المزرعة عندما كان طفلا، ذكر مثلا إفريقيا يقول: «عندما تزرع شجرة، فلا تزرع أبدا شجرة واحدة فحسب، بل ازرع ثلاث شجرات - واحدة للظل والثانية للفاكهة والثالثة لتجميل الطبيعة.» إنّ مثل هذه النصيحة مليئة بالحكمة وتعطي قيمة لكل شجرة في قارة يعمّها الجفاف والمناخ الحار.

وهي أيضا رؤية تعليمية بديعة لزمن مثل زماننا، حيث تُهدَّدُ أعداد كبيرة من الأولاد، بسبب نهج أهاليهم في نظرتهم الأحادية الجانب نحو أولادهم؛ التي لا تراهم سوى من حيث قدرتهم بأن يكونوا منتجين، أي بمعنى القدرة على «الإنجاز» و «النجاح.» إلا

أن هذا الضغط يقوم بتدمير الطفولة بشكل غير مسبوق. وتكتب الأخصائية في معالجة الأطفال كيتي هيرلي Katie Hurley ما يلي:

إن الضغط الدراسي النظري ما هو سوى جزء واحد من المشكلة الكبرى التي نخوضها، ألا وهي: تسريع النمو أثناء مرحلة الطفولة. نعم، يجري تسريع التعليم في جميع المجالات، لكن هذا حال مرحلة الطفولة بشكل عام. فها نحن نشهد تحولا تدريجيا في الاتجاه الثقافي في جميع أرجاء البلاد، وهو يزداد في الانتشار سنة بعد سنة.

وبالرغم من أن الأطفال الصغار هم أكثر عرضة لمواجهة الضغط الدراسي المكثف في الوقت الراهن، إلا أنهم محملين أيضا فوق طاقتهم بالأنشطة اللامنهجية الإضافية التي يرتبها لهم أهاليهم بشكل مكتظ زيادة علن اللزوم. فتراهم يمارسون الألعاب الرياضية التنافسية (وأحيانا نوعين من الرياضة خلال كل «موسم») حتى في أوقات فراغهم، ويداومون في أفضل الدورات الموسيقية والفنية المتاحة، ويشاركون في البرامج المجتمعية التي توفرها البلدة لهم ويملؤون عطلة نهاية الأسبوع بأوقات اللعب التي يحددها لهم أهاليهم بالإضافة إلى اشتراكهم بالحفلات.

ويفقد الأطفال الطفولة بسبب عدم تقديم الناس إليهم عطية الوقت للّعب، لكن، ألا يتحمّل جميعنا شيئا من المسؤولية لهذا الانحراف الثقافي – الذي يجري التشديد فيه على تنشئة أولاد يحملون روحية التنافس وتحقيق النجاح؟ وبالنسبة إلى بلادنا فنحن بحاجة إلى الاستيقاظ على مستويات التوتر المتزايدة لدى الأطفال وبحاجة إلى التعلّم

عن كيفية تقليلها بل إزالتها. فلو أردنا تربية أطفال سعداء، لوجب علينا المباشرة على الفور باستعادة حقّ الطفولة.[1]

أن الآباء بطبيعة الحال يريدون التفوق دائما لأبنائهم من الناحية الدراسية والاجتماعية، ولا يريد أحد من ابنه أن يكون أبطأ ولد يردّ على الأسئلة في غرفة الصف، أو آخر من يقع عليه الاختيار للمشاركة في إحدى الألعاب الرياضية في ساحة المدرسة. غير أن الثقافة التي نعيش فيها جعلت من قلق الوالدين الطبيعي مغالاة وشكلا من أشكال الرعب الذي صار يستحوذ على نفوس الأهالي، فماذا نقول عن مثل هذه الثقافة التي خلقت هذه الظاهرة؟ وما العواقب المترتبة على أولادنا من جراء هذه الظاهرة؟ لأن التوجه نحو التسريع الدراسي يجعل من المدرسة مكانا مرعبا بالنسبة إلى الكثير من الأطفال، ومصدرا للبؤس لا يستطيعون الهرب منه لعدة أشهر في كل فصل دراسي.

أما بالنسبة إليّ شخصيا، فنادرا ما كانت درجاتي ممتازة، إلا أن اهتمام والداي كان منصبا بالدرجة الرئيسية على طبيعة علاقاتي مع زملائي وأكثر بكثير من قلقهم عليّ فيما اذا كنت قد حصلت على درجة A أو B. وأكدوا لي، لاسيما عندما لم أكن جيدا في دراستي، بأن هناك الكثير من العلم في رأسي وفوق تصوراتي أو تصورات أساتذتي؛ غير أنه مجرد لم يأت إلى السطح بعد. إن مثل هذا التشجيع ما هو سوى حلم للكثير من الأطفال، خاصة في البيوت التي تنظر إلى الفشل الدراسي بأنه أمر غير مقبول.

اعتادت أمي أن تقول: أن التربية تبدأ في المهد. ولا يختلف معها اليوم على ذلك أي من المربين. إلا أنّ الاختلاف يكمن في الأسلوب الذي يتّبِعوه الذي يكشف لنا عن الفرق النوعي الشاسع. ففي

الأجيال السابقة، كانت النساء تغني لأطفالهن وتُهوِّد لهم لكي يناموا كما فعلت أمهاتهن من قبلهن - لأن الطفل يحب صوت أمه بالفطرة - أما اليوم فنرى الأهالي عوضا عن ذلك يشغّلون باستمرار «سي دي CD» لِيُسمِّعوا أولادهم موسيقى موزارت الكلاسيكية وذلك لأنهم تأثّروا ببعض الدراسات التي تتكلم عن الآثار الإيجابية لهذه الموسيقى على تطور دماغ الرضيع. وكانت النساء قبل خمسين عاما يُعلِّمْنَ أطفالهن الصغار شتى أنواع ألعاب حركات الأيدي والأصابع المصحوبة بالأناشيد باعتبارها أمرا عاديا، لا لشيء وإنما لمجرد قضاء وقت ممتع معا، لكن، ماذا عن الحال الآن؟ فهل تخصص الأسرة وقتا لمثل هذه الأناشيد والألعاب، رغم النقاشات التي لا تنتهي عن أهمية الترابط الأسري والرعاية الأسرية بقضاء وقت أسري معا؟

ويمكن للأمهات لا نكمي طلخلا ينب تارتوييموكلا بل يجب عليهن أن يكونوا من أقوى المدافعين عن قدسية الطفولة. وكما يقول المثل الإسباني: «غرام من الأم يساوي طن من القسيس.» غير أن آباء اليوم يسمعون رسالة مغايرة بصوت أعلى، مفادها وجوب مطالبة أولادهم باستمرار ببذل المزيد من الجهود من أجل البقاء في الطليعة. وفي المجتمع الذي يعلّم الأم أن نجاح أولادها يعتمد على قدرتها على ممارسة الضغط عليهم، أو عندما يعلّم الأب أولاده أن أهم شيء هو الدرجات العالية، فهناك حتما شيء مغلوط في مثل هذا المجتمع.

وفي نظري، يبدو الأمر مخيفا جدا عندما يقع الكثير من العائلات في هذا الفخ. وأخذت نتائج هذا النهج تتقاطر الآن، سواء كانوا من المراهقين أو الشباب الذين نجوا بصعوبة من التوتر والضغط، من الذين فاتتهم سنوات التكوين الطفولي لأن يكونوا مجرد أطفال، من الذين لم يجدوا مطلقا تلك العلاقة الجميلة بين الطفل والأهل المبنية على الثقة والقبول والتشجيع. وتتذكر الروائية كيم ونغ كيلتنر Kim

Wong Keltner عن طفولتها، فتقول:

إن كل هذا الجري وراء الدرجات العالية، وكل هذا الدفع، والدفع، والدفع نحو التفوق الدراسي، يجعل الأطفال يأخذون نظرة على والديهم بأنهم لا يهتمون بهم شخصيا وإنما بدرجاتهم فقط. وربما سيقرر الأولاد في النهاية أمر واحد: «حسنا، لو لم يكن هناك ما يرضيكم، فما نفع محاولاتي إذن؟»... .

وحصلتُ على درجات جيدة لمجرد التخلص من انتقاد أهلي. وبالرغم من أني حصلت على درجات كاملة في الامتحانات، إلا أنني لم أسمع مطلقا أي توجيه مشجع لإقامة علاقات وبناء أواصر مع بقية الناس. ولم أشعر مطلقا بإمكانية الانفصال عن والداي؛ لأنهم كانوا يقولون لي دائما: «أنتِ جزء مني، وما تفعليه ينعكس عليّ.»[2]

بالرغم من أن بعض الأولاد الناجين من هذا النهج يعترف بأنه من دون هذه الحملة المتشددة من قِبل الوالدين، لما كان له مهنة ناجحة أو كسب الكثير من المال كما عنده الآن، لكن دعونا نتساءل: ما المعنى الحقيقي للنجاح؟ وما التجارب الإنسانية التي فاتتهم والتفاعل البشري المتبادل؟ فيجب علينا أن نفكر في الجيل القادم من الأطفال، وما سيتعلمون من آباء وأمهات من الذين – هم أنفسهم – لم يتذوقوا مرحلة الطفولة.

ومع ذلك، هناك العديد من الآباء والأمهات الذين يفكرون فعلا تفكيرا جادا بما يريدون لأطفالهم، ومتحمسون لتغيير أولويات الأمور التي يشددون عليها. وتحدث الكاتب بولس تَف Paul Tough في

مقابلة صحفية حول ما يريد لابنه أن يتعلم فقال:

عندما ولد ابني إلينكتون Ellington، كنت مأخوذا كثيرا بالفكرة التي تقول أن الطفولة هي سباق - فكلما أسرع الطفل في تنمية مهاراته أصبح أداءه أفضل في الامتحانات، وأفلح في تدبير أموره في الحياة بشكل أفضل. . . . أما الآن فقد قلّ اهتمامي بقابلية ابني على القراءة والحساب. لا تسيئوا فهمي، فلا أزال أريده أن يتعلم هذه الأشياء، لكني اعتقد بانها ستأتي في وقتها المناسب.

فما اهتم به على الأكثر هو شخصيته. . . . فأريد له أن يكون قادرا على تجاوز خيبات الأمل، وقادرا على تهدئة نفسه، وقادرا على مواصلة المحاولات في لعبة ترتيب الصور المقطوعة حتى عندما يكون في موقف حائر ومثير للأعصاب، وأن يكون جيدا في المشاركة، وأن يشعر بأنه محبوب ومطمئن ومليء بإحساس الانتماء. وأهم من كل شيء، أريد له أن يكون قادرا على التعامل مع الإخفاق.

إلا أن هذه الأمور تعتبر من الأمور الصعبة جدا التي يعطيها الأهالي لأولادهم، لأن الرغبة في حماية أطفالنا من كل نوع من المتاعب محفورة بأعماق الجينات في أجسامنا. إلا أننا ما نكتشفه الآن هو أننا في محاولاتنا لحماية أولادنا، فقد نقوم بإلحاق الضرر بهم بالحقيقة. وعندما لا نمنحهم الفرصة ليتعلموا كيفية تدبير الأمور عند الصعاب، والتعامل مع الإخفاق، فإننا بذلك نعمل على تنشئة أولاد سيكون لهم مشاكل حقيقية عندما يكبرون. فالتغلب على الشدائد هو الذي يولّد شخصية قوية لدى الإنسان.[3]

يحتاج الأولاد إلى فرصة لكي يتعلموا أن الإخفاق يعلمنا أكثر من النجاح في كثير من الأحيان. إذ يمرّ كل إنسان بأوقات عصيبة، ويمكن لتلك الأوقات أن تكون مفيدة جدا بالنسبة إلى تطوير القيم والمبادئ الأخلاقية للطفل. وإلا كيف سيتعلمون أن أعظم انتصار يحرزونه لا يكون إلا من بعد اختبار هزيمة؟

يبيّن التربوي الألماني فريدريش فيلهيلم فورستر Friedrich Wilhelm Foerster في كتابه النموذجي «Basics of Education» (أساسيات التربية) أن وسائل الراحة للحضارة المعاصرة قد خففت ونعّمت الحياة تماما بحيث أن الكثير من الناس يكبرون ولا يملكون القدرة على التعامل مع أي شيء له مطالب عليهم. فعندما يواجهون أبسط أمور الحياة التي لا يمكن توقعها – دعْ عنك الألم والمعاناة، والعمل البدني الشاق، أو التضحية – تراهم يستسلمون وهم عاجزون تماما. فيكتب التربوي فورستر ما يلي: «ويستسلمون كما لو أنهم تلقوا ضربات قوية. . . . فلا يعرفون كيفية التعامل مع الإحباط والتدنّي – أي بمعنى كيفية الاستفادة منه وتحويله إلى شيء بنّاء – بدلا من مجرد رؤيته كمصدر للغمّ والإغاظة. ففي حين نرى أن هذه التجارب بالذات قدمت للأجيال السابقة الخبرة ليصبحوا قديرين في مواجهة تحديات الحياة، نراها الآن غالبا ما تكفي لإرسال إنسان معاصر بلا جذور وبلا أساس إلى مصحة عقلية بسبب عدم قدرته على التعامل معها.»[4]

أن ميل الآباء ليحوموا حول أولادهم في محاولاتهم لحمايتهم وإزالة جميع المخاطر والمجازفات والإحباط من الحياة، يمكن أن يكون له آثارا مدمرة على الأولاد. وتكتب المعلمة جيسيكا لاي Jessica Lahey في مقال بعنوان «أهمية سماح الآباء لأولادهم الإخفاق،» قالت فيها:

لقد عملت مع عدد كبير من الآباء والأمهات المفرطين زيادة عن اللزوم في وقاية أولادهم بحيث صار الأولاد لا يتعلمون تحمل المسؤولية (والعواقب الطبيعية) لأعمالهم. فقد ينمو داخل الأولاد إحساس باستحقاق مثل هذه الوقاية وبالتالي يجد الآباء صعوبة في التعاون مع المدرسة بأسلوب الثقة والعمل المشترك والتركيز على إيجاد الحلول، التي من شأنها أن تعود بالفائدة على كل من الطفل والمدرسة.

فهؤلاء الآباء هم الذين يجعلونني أشعر بالقلق أكثر من غيرهم - أي بمعنى الآباء الذين لا يدعون الطفل أن يتعلم. وكما تعرف، أن المعلمين لا يعلمون القراءة والكتابة والحساب فحسب، بل نعلم أيضا المسؤولية والتنظيم والأخلاق وضبط النفس والتبصّر. وقد لا تحصل هذه المهارات على تقييم في الامتحانات الموحدة، لكن بالنسبة إلى الأطفال الذين يخططون لرحلتهم إلى مرحلة البلوغ، فتُعتبر، وإلى حد بعيد، من أهم مهارات الحياة التي أعلمها.[5]

هناك أشياء رائعة يمكن استخلاصها من قيام الطفل بالمحاولة، والفشل، وإعادة تكرار المحاولة. فلو كان هناك مشروع لا يرقى إلى المستوى المطلوب، فبإمكان المعلم الجيد مساعدة الطفل على التفكير في تحسين عمله وتشجيعه لأداء عمل أفضل. غير أن هذا الدرس يفقد معناه إذا كان أحد الوالدين هو الذي يكمل المشروع للطفل. فما نوع الرسالة التي سيتلقاها الطفل في هذه الحالة وأية عبرة سيتعلمها؟ فسيأتي وقت يحتاج فيه الطفل إلى مواجهة التحدي بنفسه دون وجود أحد الوالدين بجانبه. فماذا سيفعل آنذاك؟ أسينظر من حواليه ليبحث عن من يتولى الأمر، أم سيتحمل المسؤولية بنفسه؟

فلو أثنى الوالدان على جهود ولدهما الفاترة والخاملة خوفا من أن تنجرح «كرامته،» فهل نعتقد بأن الولد سيفرح مرة في حياته بأن يعمل بإتقان لإنجاز مهمة صعبة؟

وهنا بوسع الآباء النشيطين المنخرطين في هذا الموضوع تقديم العون. ولا أزال أؤكد على أنه لا يوجد أحد لديه تأثير قوي مديد على حياة الطفل مثل الأم. غير أن دور الأب يختلف ولا يقل أهمية عن دور الأم، كما تشير الكاتبة الصحفية والأم لثلاثة أولاد نعومي شيفر رايلي Naomi Schaefer Riley، فتقول:

إن الآباء هم على الأكثر من يدعون الأولاد يتحملون المجازفات والمخاطر. ولا يقتصر الأمر على أنهم يتركون الولد يقود بنفسه الدراجة الهوائية عند تعليمهم إياه كيفية ركوب دراجة بعجلتين (الشيء الذي لم أرغب فعله غريزيا عندما كان أولادي يتعلمون ركوب الدراجة). . . . .

وكما لاحظ ذلك عالم النفس دانيال بيكيت Daniel Paquette، فقال: «يعتاد الآباء الوقوف وراء أولادهم ليواجهوا بيئتهم الاجتماعية، في حين تعتاد الأمهات وضع أنفسهن أمام أولادهن، لخلق اتصال بصري.»

لقد أصبحت معروفة لنا ولسنوات عديدة أهم الآثار الأساسية والفوائد لوجود الأب في البيت: فرأينا أن الفتيان يكونون أقل عرضة لارتكاب الجرائم؛ والفتيات أقل عرضة للاستغلال من قبل الرجال الشرهين. إلا أن الآباء في الحقيقة لهم أفضال أكثر من ذلك بكثير: فهم في الحقيقة يقومون بإعداد أولادنا للحياة المعاصرة.

فيبدو كما لو أن الآباء هم المفتاح لمساعدة أولادنا

> ليصبحوا بالغين بكل معنى الكلمة، لأنهم يعملون على توجيه الأطفال بالمشاركة الفعلية في «اللعب الحرّ غير المقيّد،» وعلى مساعدتهم على التحلّي بخصلة «صلابة العود» أي التحمُّل في مواجهة الشدائد ورباطة الجأش عند القيام بالمجازفات والمخاطرات والسماح لهم بالنجاح أو بالفشل من غير استرشاد، وأيضا دفعهم ليكونوا معتمدين على ذواتهم بعض الشيء وغير إتكاليين.[6]

عندما أفكر، أنا شخصيا، في طفولتي السعيدة، المليئة بالاستكشافات والمغامرات، فأتساءل كيف يمكننا مساعدة أولاد اليوم على الحصول على ثقة في النفس وعلى جرأة. وأنا على دراية طبعا بأن هناك مخاطرا يجب أن نحمي أولادنا منها، إلا أنه من السهل الانزلاق بعيدا في هذا المجال، وتكون النتيجة أن الأولاد يصبحون متخوفين ومتوترين.

فينبغي أن لا يشكل عالم الطبيعة مصدر غموض وخوف عظيم بالنسبة إلينا أو إلى أولادنا. فدعونا نخصص وقتا للذهاب واستكشاف الطبيعة معا. فهذا هو المكان الذي يحدث فيه التعلم الحقيقي وبناء الثقة بالنفس، سواء كان ذلك في متنزه المدينة أو في الحقول أو البساتين أو الغابات المجاورة. كما تكتب المتخصصة في عالم الطبيعة الشهيرة ريتشيل كارسون Rachel Carson فتقول: «لو أردنا لإحساس التعجب الفطري لدى الطفل أن يبقى حيّا، فسوف يتطلب ذلك أن يرافقه شخص بالغ واحد على الأقل مَنْ له الاهتمام نفسه ليقاسمه هذا الإحساس، ولكي يكتشفا معا ثانية الفرح والإثارة وأسرار العالم الذي نعيش فيه.»

ومن الضروري لكل طفل اكتشاف روعة لعبة تشكيل «الملاك

الثلجي «Snow Angels» وهي تشكيل شكل ملاك في الثلج المتساقط حديثا وذلك باستلقاء الشخص على ظهره وتحريك أطرافه إلى الأعلى والأسفل وساقيه إلى الجوانب لعدة مرات وأيضا اكتشاف روعة اللعب في شتى أنواع البرك المائية أو الطينية المتراكمة على الأرض والطرقات وطرطشة الماء الموحل في كافة الاتجاهات، أو تسلق الأشجار. فمن الضروري جدا أن يهدأ الآباء ويتمهلوا ويستمتعوا بالسنوات الثمينة مع الأولاد الذين أوكلهم الله لهم. لأن السنوات لا يمكن إعادتها، ومن دون أن تحسّ فإذا بأولادك أصبحوا كبارا. و عندئذ ستعتمد طبيعة علاقتكم مع الأولاد على نوعية الوقت الذي قضيتموه معا المحفور في ذكريات طفولتهم.

ولقد نشأت أنا شخصيّا في مناطق الغابات القليلة السكان في دولة باراغواي لكوني كنت طفلا للاجئين أوروبيين فروا إلى أمريكا الجنوبية خلال الحرب العالمية الثانية. وقام والداي بتربيتنا نحن السبعة أطفال وفقا لمبادئ فروبل التربوية، مع التركيز على أهمية اللعب والأناشيد ورواية القصص، في الهواء الطلق على اعتباره أفضل الصفوف الدراسية لدينا.

ولم يكن لدينا ساحات لعب ولا شيء يمكن تصنيفه كعُدد أو لوازم لعب. أما الشيء الذي كان لدينا فلم يكن سوى كومة كبيرة من الرمل للّعب فيها ونهر قريب حيث كنا نستمتع بالسباحة واللعب فيه لساعات. وأصبح هذين المكانين مثل صديقين لنا. وهنا كان بإمكاننا إطلاق العنان لخيالنا وإبداعاتنا أن تجري كيفما تحلو، فقمنا ببناء قلاع وبيوت، وأي هيكل نحلم ببنائه. ولمّا كنا نقضي أغلب أوقاتنا في الهواء الطلق اكتشفنا الحشرات والنباتات والحيوانات.

ولقد كنا قنوعين جدا بمغامراتنا، ولم نرغب في أي شيء أكثر من ذلك. فقد أمضينا أوقاتا رائعة جدا بحيث وفي كثير من الأحيان وجد

أهالينا ومعلمينا صعوبة لإرجاعنا إلى مهماتنا الزراعية الروتينية، التي كانت كثيرة جدا. وفي عصرنا الحديث، يمكن إعادة اكتشاف أهمية كومة الرمل كأداة لعب للأطفال. فما دامت قد جعلتني سعيدا، فبإمكانها بالتأكيد جعل بقية الأطفال سعداء أيضا!

وفي ذات مرة، أهدى أحدهم قردا صغيرا لأسرتي ليكون لنا كحيوان بيتي أليف. فأسميناه بيرتو. وكان مليئا بالنشاط والحيوية ومحبوبا جدا. وصار بيرتو جزءا من أسرتنا، وكان يتقافز على أكتافنا عندما كانت أسرتنا تتمشى وتتنزه. فأحببناه كثيرا. إلا أنه، ومع ذلك، كانت لديه عادة واحدة سيئة جدا لم يرتاح لها جارنا مارتن Martin. إذ كان بيرتو يأكل باستمرار كل الطماطم وغيرها من خضراوات المزرعة التي كان يزرعها مارتن ويهتم بها بعناية وجهد كبيرين. وعلى الرغم من أن أولاده كانوا هم أيضا يستمتعون بالقرد، إلا أن مارتن كان يشتكي لوالدي، هاينريش Heinrich، من سرقات بيرتو لمحاصيل المزرعة. فكان على والدي إيجاد وسيلة للتخلص من القرد. فطلب مني في أحد الأيام مساعدته في إعادة بيرتو إلى الطبيعة البرية.

وكان ذلك يوما صعبا، وبكينا نحن الأطفال، لكوننا غير قادرين على تصور أسرتنا بدونه. فذهبتُ بكل شجاعة مع والدي، آخذا بيرتو إلى أغوار الأدغال. وعندما ظننا بأننا مشينا بما فيه الكفاية، تركه والدي يذهب وشأنه، وتسلق بيرتو بكل سعادة أقرب شجرة. والقرود بطبيعة الحال أذكياء إلى درجة كبيرة. وبإمكانهم تقليد التصرفات البشرية، كالتلويح بالأيادي والضحك والبكاء. لذلك وعندما التفتنا لنرجع إلى البيت، لوّح بيرتو لنا مع السلامة. فرجعنا إلى بيتنا ونحن حزينون.

وعند وصولنا البيت، كان بيرتو بانتظارنا على عتبة الباب. وكان فرحانا جدا لرؤيتنا وصار يلوّح بيديه ترحيبا بنا. فيبدو أنه ومن

بعدما تركناه في الغابة، صار يتأرجح من شجرة إلى شجرة بسرعة كبيرة ليصل إلى منزلنا قبل عودتنا. فضحكنا نحن الأطفال وبكينا من الفرح، غير أننا علمنا مع ذلك بأنه لا يمكنه البقاء في أسرتنا.

وبعد بضعة أيام، أخذنا بيرتو مرة ثانية إلى الأدغال. وذهبنا هذه المرة إلى مسافة أبعد وعبرنا نهرا قبل إطلاقه في البرية هناك. وعلمنا أن هذا الفراق سيكون نهائيا وهي آخر مرة أحمله على أكتافي لأن القرود لا تعرف السباحة. فترك فراقه فراغا كبيرا في أسرتنا، لكنه أعطاني فهما جديدا عن سلوك الحيوانات، من تقليد القرود لنا وإلى غريزة العودة إلى البيت، وأعطاني أيضا درسا عن السلوك البشري، فتعلمنا كيف ينبغي أن نتخلى أحيانا عن شيء نحبه. وأعطاني أيضا قصة رائعة لأحكيها لأحفادي!

وعندما أتذكر طفولتي أرى مدى الفقر والمرض اللذين كنا نعيشهما بالإضافة إلى العمل البدني الشاق الذي كان جزءا من الحياة اليومية. فلم يكن هناك أنابيب مائية داخل المنزل أو نظام مواسير ولا تدفئة مركزية، ولم يكن هناك ولعدة سنوات كهرباء. وكان الطهي يجري على نار مفتوحة، وكان هناك دائما الكثير من فلق الحطب وتصفيفه وحمل المياه ونقلها من مكان إلى آخر. أما الحشيش فكنا نحصده بالمنجل؛ وكان الحشيش خشنا وثقيلا وعاليا، لاسيما بعد هطول الأمطار. وكنت كمراهق أتذمر من الأعمال المنزلية التي لا نهاية لها ولا حدّ، لكن لم يشفق عليّ والداي بسبب ذلك. وعند استرجاعي للماضي فأكون ممنونا لهما إلى درجة كبيرة. فأرى الآن كيف علمني إصرار والداي على ضبط النفس وترويضها والتركيز والمثابرة، والقابلية على إتمام العمل حتى النهاية – أي كل ما يحتاجه الرجل ليكون أبا.

ومن المهم جدا إعطاء الأولاد مهمات خدمية منزلية وأن نتوقع

منهم المساهمة في الأسرة على صعيد يومي. إلا أن هذه المهمات المنزلية لا يمكن موازاتها واستعاضتها بإعداد جدول متواصل لنشاطات منظمة ومقيّدة تحكمها القواعد والقوانين لسلسلة من المباريات الرياضية والنوادي والدراسات الأكاديمية وبالتالي سرقة من الأولاد الوقت الذي يحتاجونه للنمو بنفسهم ومن غير إرشاد.

ومما لا شك فيه أن واجبنا كوالدين وكمعلمين التفكير أيضا بالدراسات النظرية لمساعدة الأولاد على توسيع مداركهم وتحفيز تفكيرهم وذكائهم. كما ينبغي تعليمهم على التعبير عن مشاعرهم، وتشجيعهم على كتابة فكرة معينة لهم وقراءتها جهرا وتطويرها والدفاع عنها، وتعليمهم أيضا على التفكير الناقد، لكن يجب أن لا يقتصر تعليمهم عليها، لأنه ماذا تنفع أفضل هذه الدراسات النظرية إن كانت تفشل في إعداد الأولاد للحياة؟

ثم إن الرغبة الوالدية الموجودة في داخلنا للحصول على أولاد متألقين ما هي سوى علامة أخرى لرؤيتنا العوجاء - فهي انعكاس للطريقة التي نميل فيها إلى رؤية الأولاد وكأنهم بالغون صغار. وأفضل علاج لمثل هذه الحالة هو طرح جميع توقعات الكبار التي في داخلنا طرحا كاملا، والنزول إلى مستوى أولادنا، والنظر إلى أعينهم. عندئذ فقط يمكننا سماع ما يقولونه، والتعرّف على ما يفكرون به، ورؤية الأهداف التي نرسمها لهم من خلال وجهة نظرهم. وسنتمكن في هذه الحالة فقط من وضع جانبا طموحاتنا الشخصية لهم وعدم تلبيسها إياهم، كما كتبت الشاعرة جين تايسن كليمنت Jane Tyson Clement [7] ما يلي:

أيها الطفل العزيز،
بالرغم من أنه ينبغي عليّ تعليمك الكثير،

لكن ما الدنيا،

سوى أننا جميعنا

يُفترض بنا أن نكون فيها كالأطفال

لأب واحد، أبينا السماوي،

وما عليّ إلّا أن أنسى ما تعلمته

عن نظام الكبار

وأنسى السنوات المرهقة التي أثقلتني

فيجب أن تعلمني أنتَ

أن أنظر إلى الأرض والسماء

كما تراها بدهشة جديدة.

الفصل الرابع

شاشات الانعزال

ليس من السهل تعديل الاعوجاج في جذع شجرة البلوط الذي كان ينمو عندما كانت شجيرة.

مثل اسكتلندي

باستطاعة أطفال القرن الحادي والعشرين الإبحار في عوالم بعيدة بواسطة وحدات تحكم ألعاب الفيديو، لكنهم من ناحية أخرى غير مسلحين بفهم واستيعاب العالم الحقيقي خارج نافذة غرفتهم. فتصطادهم الخيارات الكثيرة لوسائل اللهو والترفيه المثيرة والآسرة فور توجيه أبصارهم نحوها.

ونعلم كوالدين وكمعلمين بأن استعمال التقنيات الحديثة زيادة عن اللزوم لها نتائج سيئة على الأولاد. وكلنا قد سمع بقصص مروعة عن الاعتداء الإلكتروني، والمواقع الإباحية المتاحة، والنصابين الجنسيين على الإنترنت. وباستطاعة الوالدين القيام بوضع ضوابط على ما يشاهده أولادهم وتقليل وقت حصولهم على الإنترنت، لكن، ماذا عن التقنيات عندما تصبح هي بحد ذاتها مضرّة للطفولة؟

وفي المملكة المتحدة، يلفت انتباهنا محرر قسم التربية في صحيفة ديلي تلغراف البريطانية كرايم باتون Graeme Paton إلى ظاهرة تنذر بالخطر، فيقول:

هناك أرقام متزايدة لأطفال تنقصهم مهارة تحريك الذراعين والأصابع اللازمة للّعب بالمكعبات وذلك بسبب «إدمان» الأولاد على استعمال حاسبات تابلت (الأجهزة اللوحية) والهواتف الذكية، وفقا لما يفيد به المعلمون.

ويتمكن العديد من الأطفال الذين لا تتراوح أعمارهم سوى ثلاثة أو أربعة سنوات من «ضرب» الشاشة بأصابعهم لتقليب الصفحات، لكن ليس لديهم سوى القليل بل حتى انعدام وجود المهارة في استعمال أصابعهم بعد قضاء ساعات متسمرين أمام الجهاز اللوحي الإلكتروني. . . . .

وحذر أيضا أعضاء من رابطة المعلمين والمحاضرين من أن بعض الأطفال الأكبر سنا غير قادرين على إكمال امتحان تقليدي باستعمال ورقة وقلم وذلك لأن ذاكرتهم قد تآكلت بفعل التعرض المفرط لشاشات الأجهزة الإلكترونية. فدعوا الآباء لاتخاذ إجراءات صارمة على استخدام الكومبيوتر اللوحي وأيضا إيقاف شبكة واي فاي للإنترنت ليلا وذلك للفت انتباههم إلى حجم هذه المشكلة.[1]

لقد سألتُ التربوية روندا كيليسبي Rhonda Gillespie المتخصصة في تعليم أطفال الحضانة والأطفال الحديثي المشي التي عملت في حقل تعليم مرحلة الطفولة المبكرة على مدى عقود، سألتها عن رأيها في موضوع الأطفال والأجهزة الإلكترونية، فأخبرتني بقصتها عما رأته شخصيا كما يلي:

لقد رأيت أثرا مدمرا على الأطفال على مدى السنوات العشرين الماضية. لأن الأجهزة الإلكترونية تهاجم الأساس

الضروري للتنمية التربوية السليمة.

وعندما كنت طفلة، كان الحيّ الذي نسكنه آمنا ولعبت مع أصدقائي خارج الدار كل يوم. وكنا نستعمل الإبداع والخيال، وتعزيز مهاراتنا لحل المشاكل وتمتعت أجسامنا بالصحة الجيدة. أما الزمن الذي صار ابني يشبّ فيه، فنادرا ما كنت أرى أطفال الحيّ يلعبون خارج الدار. فتغير الاتجاه، وصار يُنظر إلى الهواء الطلق خارج الدار بأنه غير آمن.

واضطررت في ذلك الوقت إلى العودة إلى العمل بدوام كامل، مما يعني دوام نهاري طويل وبالتالي أوقات مسائية قصيرة للعب في الهواء الطلق خارج الدار والاستمتاع مع ابني. وأكبر غلطة قمت بها كانت شراء أول جهاز كومبيوتر لألعاب الفيديو له. فقمتُ في البداية بوضع قواعد لاستعماله وبتحديد وقت اللعب، ولكن مع تقدم الوقت، زادت ساعات استعمال لوحة أزرار التحكّم باللعبة.

بدا الأمر لي في البداية وكأن فيه فوائد كثيرة: فصار لابني اتصالات عديدة عبر الإنترنت مع أولاد من جميع أنحاء العالم، وبإمكانه التآلف مع أبناء جيله حتى لو حصل اتصالهم بالإنترنت عن طريق المصادفة. وأصبح لاعبا جيدا في بعض الألعاب الإلكترونية وزادت ثقته في النفس، وكنت اعتقد دائما بأنه سيأتي يوم يجد فيه أصدقاء يلعب معهم في الحيّ، لأنه كان يلاقي دائما صعوبة في الاندماج الاجتماعي، أما شركات ألعاب الفيديو فغالبا ما يروّجون منتجاتهم بأنها بمثابة مدّ جسور لبناء العلاقات. إلا أنني أشعر الآن بأنه حُرِم من فرصة تنمية القابلية لديه في إقامة علاقات سليمة.

وعمر ابني الآن سبعة عشر عاما. وله القابلية على

إرسال رسائل ومحادثات نصيّة طوال اليوم، أما عندما يكون مع الناس فلا يعرف ماذا يقول أو كيف يبدأ بالمحادثة. ويقول بأنه يرتاح عند التحدث إلى الناس على الكومبيوتر ويفضله على التحدث المباشر مع الناس تحاشيا للمواقف المهددة أو المخيفة. غير أن الجانب الآخر من الموضوع هو أنه لم يتعلم كيفية التعامل مع تلك اللحظات المحرجة في الطفولة التي تشكل فرصا للنمو وللحصول على الخبرات. فلو لم يكن لديه خيار «أصدقاء» الإنترنت، فهل كان سيتعلم مهارات اجتماعية أفضل؟

أن أحد الأجزاء المهمة لمرحلة الطفولة هو تعلّم حل المشاكل، وصياغة أساليب ذاتية للتعامل مع المواقف المتنوعة وحلولا لقضايا الحياة اليومية. فبالرغم من أن الحياة أصبحت أسهل بفضل التكنولوجيا، إلا أنها عملت أيضا على جعل الأولاد يجهلون متطلبات عملية النجاح، وهي: العمل الجاد والدؤوب والصبر. لقد خلقنا جيلا يتوقع الحصول على كل شيء بشكل فوري ومن دون جهود. فأذكر على سبيل المثال عندما كنتُ في المدرسة، كنت أقضي عدة أشهر في كتابة تقارير ورقية عن بحوث معينة، مع العديد من الرحلات إلى المكتبة، وقضاء ساعات للدراسة وجمع البيانات بعد التحقق منها. أما الآن فباستطاعة ابني عمل التقرير نفسه في غضون ساعات قليلة، على جهاز الكومبيوتر، دون عنصر التحقّق أو الإثبات.

ثم إن سهولة منال شاشات الأجهزة الإلكترونية سبّبت انخفاضا كبيرا في خاصية المرونة لدى الأولاد وفي سرعة استجابتهم للمتغيرات، وأضعفت حرية الإرادة، وقلّلت

الرغبة في العمل الشاق، وعملت على تلاشي مشاعر الافتخار بإنجاز أو إتمام مهمة ما. أما الاندماج الاجتماعي لدى الأولاد فهو آخذ في الانقراض.

جميعنا يعلم بمقدار الضرر الذي يصيب الصحة البدنية كلما زادت مشاهدة الشاشات والجلوس أمامها، لاسيما البصر والسمع والوزن. غير أننا يجب أن نفكر أيضا بالضرر الذي يصيب روح الطفل. فالكثير من الأطفال فقدوا القدرة على التواصل مع إنسان حيّ أمامهم لأن الأمر يتطلب منهم استجابة لفظية فيها تفكير ومشاعر وأخذ وردّ. وتتزايد أعداد الأطفال الذين يصلون مدارس التمهيدي من الذين يعانون من صعوبات في الكلام؛ وبعضهم لا يتكلم إطلاقا. ولما كانت هذه الحالة يمكن تشخيصها ضمن اضطرابات مرض التوحُّد، فكم من الأطفال جرى تصنيفهم على أنهم مصابين بهذا المرض عندما لم يكن لديهم ببساطة فرصة للتعلم على الاندماج البشري!

وفي برنامج كسر الدائرة Breaking The Cycle الذي أقيمه في مجالس المدارس لترويج المسامحة والغفران بين الطلاب، أتكلم أحيانا مع بعض الطلاب في عمر المراهقة وأرى بأنهم لا يعرفون حتى من هم يكونون - أي بمعنى ما هو حقيقي عن أنفسهم وما هو وهمي. فقد أمضوا سنوات نشأتهم متقمصين مختلف «الشخصيات الشهيرة» أو يستعملون «أيقونات» لشخصيات جبارة وهمية لتمثيلهم عند المحادثات عبر الإنترنت وكعلامة مميزة لهم - تلك الأيقونات التي تمثل مختلف العوالم الخيالية الوهمية - ولو تمكنوا من جعل هؤلاء الأبطال الصوريين الوهميين أكثر بريقا وجرأة مما يأمله أي إنسان عادي، لوجب علينا أن لا نتفاجأ بالنتيجة من أنهم سوف يكرهون أنفسهم عندما يقارنون أنفسهم مع هؤلاء الأبطال

الوهميين ويصطدمون بواقعهم الحقيقي. وهذا يؤدي إلى اليأس والاكتئاب، وفي حالات كثيرة جدا، إلى الانتحار.

أن خطورة الإدمان على ألعاب الفيديو، وفي العديد من المستويات، هي كخطورة تعاطي المخدرات أو الكحول. ويمكن لها أن ترغم الأطفال وتدخلهم في عوالم مظلمة شريرة بشكل غير مسبوق، مع صعوبة الخروج منها. فلا غرابة من العدد الكبير لحالات إطلاق النار في المدارس التي ينفذها أشخاص شغوفون بألعاب الفيديو. ويبدو أنهم غير قادرين على التفريق بين ألعاب الفيديو العنيفة والدموية وبين النتائج المترتبة عن جرائم القتل في العالم الحقيقي، وغير قادرين على الشعور بالأسف على أفعالهم أو التعاطف مع ضحاياهم. فمن جهة ترانا غالبا ما نُصدم عند سماعنا لخبر عن التجنيد القسري للأطفال في جيوش دول العالم الثالث. غير أنه قد يصعب علينا رؤية ميليشيات الشباب وهم ينشئون في عقر دارنا، متأثرين بالوحشية الدموية نفسها التي عند الأطفال في جيوش دول العالم الثالث البعيدين عنا كل البعد.

ونرى الآن الجيل الأول من لاعبي الفيديو بلغوا سن الرشد وخرجوا من مرحلة التربية، ولم يتغلب الكثير منهم على إدمانهم على ألعاب الفيديو. فبمجرد وصول الآباء البيت من العمل يختفون في عالم الخيال العنيف ليلعبوا تلك الألعاب. لأنهم عندما كانوا في مرحلة البلوغ وقعوا في فخ هذه الألعاب؛ ويقضون ساعات في عالم مشابه لعالمنا تماما لكنه وهمي ويسرق ويضيّع منهم الوقت الذي من المفروض أن يقضوه على التواصل مع واقع أطفالهم - مثل لعبة المطاردة بالركض أو رمي الكرة ومسكها أو قراءة قصة قبل النوم.

أن التكنولوجيا الإلكترونية تؤثر على الناس من جميع الأعمار، والسبب بكل بساطة هو أنها تحوّل اهتماماتنا ومراعاتنا للآخرين

من مشاعر إنسانية إلى مشاعر آلية جامدة مثل المكائن. وتخرب بالأخص الأطفال الصغار، الذين اعتادوا على الاعتماد على الكبار المقربين منهم للاسترشاد بهم ولاتخاذهم كقدوة لهم في حياتهم. ويتطرق التربوي كيم جون بين Kim John Payne إلى هذه النقطة في كتابه الذي يحمل عنوان Simplicity Parenting أي بمعنى (بساطة الدور التربوي للوالدين) فيقول:

> إن عالم الحواسيب الراحل ورائد علم الذكاء الاصطناعي الأستاذ الجامعي الأمريكي في معهد ماساتشوست للتكنولوجيا جوزيف فايسنباوم Joseph Weizenbaum أخذ يتساءل عن مدى ملاءمة تكنولوجيا الحاسوب للأطفال الصغار. وصار يتساءل مشككا عما إذا كنا فعلا نريد تعريض أطفالنا الصغار إلى عقول اصطناعية بدون قيم إنسانية ليس فيها منطق سليم أيضا. فكان جوزيف يؤمن بوجود صفات بشرية فائقة مثل الاندماج والاستجابة والتفاعل لا يمكن أبدا أن تنسخها المكائن والأجهزة؛ والمثال الذي ضربه على ذلك كان كالآتي: « تلاقي عيون الأب والأم بعدما يلقيان نظرة إلى طفلهما النائم في سريره.»
>
> وعند استعمال الطفل الصغير وبعمر مبكر للشاشات ثنائية الأبعاد لأجهزة الكومبيوتر، ألا يتضارب ذلك فعليا مع أنظمة التعلُّم المعقدة للطفل الصغير، تلك الأنظمة الخاصة بالعلاقات والاستكشاف الحسي والمشاعر؟ فلا أؤمن بأن أجهزة الكومبيوتر يجب أن تكون جزءا من الحياة اليومية للطفل الصغير. أما لو تعلم الأطفال منذ نعومة أظفارهم استعمال جوجل Google أولا وطرح الأسئلة ثانيا (أو حتى

عدم طرحها بالمرة)، فما مقدار حب الاستطلاع الذي سيتولّد في داخلهم؟ وماذا عن سرعة تفكيرهم، وعن إبداعهم؟ وما مدى إصرارهم على البحث عن أجوبة لتساؤلاتهم؟[2]

من الملفت للنظر، أننا نادرا ما نجد منزلا من دون تلفزيون أو كومبيوتر، حتى لدى أفقر العائلات. وقد لا يكون هناك ما يكفي من الغذاء في الخزائن، ولكن يُعتبر التلفزيون إلزامي. وعلى الرغم من أن الأهالي الكادحين قد يعللون سبب حيازتهم للتلفزيون أو للكومبيوتر بأنهم لا يملكون الإمكانية المالية لتشغيل مربية بيتية لأطفالهم للإشراف عليهم عند غيابهم عن البيت، ثم يقولون أن أطفالهم، بمشاهدتهم للتلفزيون وللكومبيوتر داخل البيت، سيكونون على الأقل في مأمن من كل خطر خارجي. غير أننا علينا أن نتساءل، أي خطر هذا هم في مأمن منه؟ فالكثير مما يتلقوه من التلفزيون أو الكومبيوتر يمكن له تسميم روح الطفل.

ولا توجد وسيلة سهلة لتخفيف العبء الذي تضعه التكنولوجيا على الأطفال. ولو أحببناهم فعلا فلا يمكننا الوقوع في فخ الاستسلام لمجرد أننا لا نعرف من أين نبدأ. ومن إحدى الطرق لاتخاذ الإجراءات إعطاء الأطفال المزيد من «المساحة البيضاء.» فالمساحة البيضاء في أي كتاب هي الفراغ بين السطور المطبوعة، وفي الهوامش، والفسحة الإضافية في بداية كل فصل. وهي تسمح للكلمات بأن «تتنفس،» وتعطي العين مكانا للراحة. وعند قراءة كتاب فلا ينتبه القارئ إلى هذه المساحات البيضاء بالرغم من وجودها، لكن لو اختفت فسوف يلاحظها مباشرة. وهي المفتاح للتصميم الجيد للصفحة.

ومثلما يتطلب الكتاب مساحات بيضاء، فهكذا الأطفال يحتاجون أيضا إلى مساحات من الفراغ من اجل النمو، في مجال

محمي من هجمات عصر المعلومات. والمسألة لا تحتاج إلى دهاء لرؤية الآثار المترتبة على عدم وجود المساحة البيضاء. فعندما يجري إغراق الأطفال بوسائل الترفيه، والأشياء المادية، والضغوط الدراسية النظرية، في ظل حياة أسرية غير مستقرة باستمرار، فتشبه المسألة كما لو أن قوة بطاريات مصابيحهم تنضب. فيبهت ضياؤهم تدريجيا، وهم أنفسهم لا يعلمون سبب ذلك. فبطبيعة الحال، لو حرمناهم من الوقت، والمجال، والمرونة اللازمة لنموهم بالسرعة المناسبة التي تلائمهم، لما كان في وسعهم إعادة شحن بطارياتهم.

ويذكرنا الفيلسوف الصيني العريق لاوتسو Lao-Tzu بما يلي: «ليس طين الخزف هو الذي يعطي الجرّة الفائدة المرجوة منها بل حيز الفراغ الموجود في داخلها.» أي بمعنى كلما كبر حيز الفراغ داخل الجرّة زادت فائدتها. وهكذا الأمر مع التربية؛ فلو شبّهنا التحفيز والإرشاد بطين الخزف، فيمكننا إذن تشبيه الوقت الذي يحتاجه الطفل ليكون بمفرده بدون استرشاد هو الفراغ المفيد داخل الجرّة. فالساعات التي يقضيها الطفل مع نفسه في أحلام اليقظة أو فترات الهدوء، والأنشطة غير المبرمجة - ويفضل أن تكون في الهواء الطلق في الطبيعة - تغرس في نفسه الشعور بالأمان والسكينة والاستقلال، وتمنحه الهدوء النفسي اللازم لمواجهة إيقاع الحياة في كل يوم. إذ يزهو الأطفال بالهدوء. فإذا لم يكن هناك ما يلهي الأطفال عن فعاليتهم الرئيسية، فتراهم ينغمسون كليّا بما يفعلونه، غير واعيين تماما بكل ما يحيط بهم. وللأسف، أصبح الهدوء من الكماليات بحيث نادرا ما تتوفر لهم مثل هذه الفرصة للتركيز بدون إزعاج.

فكيف يمكننا، نحن كآباء ومقدمي الرعاية، أن نجد طرقا مبتكرة لإعطاء الأطفال المزيد من الهدوء والمجال؟ هناك بعض المدارس التي يقف فيها بعض المعلمين على باب غرفة الصف مع حقيبة، لنزع

جميع الهواتف والحواسيب اللوحية طيلة مدة الدرس لمساعدة الطلاب على التركيز على الدراسة. وهناك أيضا مدارس أخرى ترسل رسائل لأولياء أمور الطلاب تطلب منهم تحديد وقت أقل للترفيه لأولادهم بعد ساعات الدوام المدرسي. ويوعزون طلبهم هذا إلى أن الطلاب سيكمّلون على الأرجح واجباتهم المدرسية وسينامون جيدا. كما يوضحون أنه كلما قلّ تلقيمهم بالعنف من التلفزيون أو ألعاب الفيديو أو الإنترنت قلّ على أثره العراك والتجادل والبلطجة في المدرسة.

وأعرف آخرين تفاوضوا مع إدارة المدرسة لإزالة التكنولوجيا من الفصول الدراسية - وهي معركة شاقة الآن لاسيما أن أجهزة الكومبيوتر صار يُنظر إليها بأنها لا يمكن الاستغناء عنها. وأعتقد أن هؤلاء المعلمين لديهم حجة سديدة: لأن الأولاد يقضون ساعات طويلة في البيت مُسَمّرين أمام هذه الشاشة أو تلك، فلو قامت المدرسة بعمل الشيء نفسه والسماح لهم بالجلوس أمام الكومبيوتر أثناء النهار في المدرسة أيضا، فهل سيفيد ذلك تعليم الأولاد أو صحتهم البدنية؟ وإذا كانت النتيجة أن يصير الولد مضطرب داخليا ولا يهدأ، وذا سلوك عدواني، وعديم التركيز، فهل سترتقي المدرسة بأهدافها التربوية من خلال كل ذلك؟

في مدينة لوس ألتوس Los Altos في ولاية كاليفورنيا الأمريكية، يداوم أولاد المدراء التنفيذيين لكبريات شركات التكنولوجيا المتخصصة في مجال الحاسوب مثل شركة جوجل Google، وشركة أبل Apple، وشركة هوليت-باكارد Hewlett-Packard الأمريكية، يداومون كلهم في مدرسة تربوية نموذجية خالية من الحواسيب تسمى مدرسة فالدورف Waldorf School وهي مدرسة قائمة على الفلسفة التربوية لمؤسسها النمساوي رودلف شتاينر Rudolf

Steiner. وهو مؤسس علم طبائع البشر Anthroposophy. ويلقى أسلوب تعليمه اليوم قبولا واسعا في عدد من دول العالم لاسيما أوروبا والولايات الأمريكية المتحدة، وتوجد مدرسة فالدورف في مصر أيضا. ويشدد نهجه التربوي على دور الخيال في التعلّم، ويسعى إلى الدمج الكلي للتنمية الفكرية والعلمية والفنية للتلاميذ، ولا يقتصر على المواد العلمية وإنما على المواد العملية والفنية التي يزاول فيها التلاميذ مهارات جديدة ويتعلمون الموسيقى والرسم والرقص. ومن أهداف هذا النهج هو إيقاظ جوانب النشاط البدني والسلوك والمشاعر الإنسانية والنظام الفكري والمعرفي للذهن والجانب الاجتماعي والروحي في داخل كل تلميذ. أي بكلمة أخرى تنمية جميع أبعاد الطفل ومكونات كيانه. فتكتب صحيفة نيويورك تايمز تقريرها عن تلك المدرسة كما يلي:

تشمل الأدوات التعليمية الرئيسة لهذه المدرسة كل شيء ما عدا الأجهزة الإلكترونية، فنجد فيها أدوات تعليمية لأعمال يدوية مثل: أقلام وورق وصنارات حياكة وفي بعض الأحيان طين لصنع الفخار. فلا يمكن إيجاد أي كومبيوتر هناك. ولا شاشات على الإطلاق. فهي غير مسموح بها في الصفوف، حتى أن المدرسة تستقبح استعمالها في البيوت.

لقد هرعت بقية المدارس في أرجاء البلاد بتجهيز صفوفها بأجهزة الكومبيوتر، والكثير من صناع القرارات يثنون على هذه الخطوة وعلى هذا التوجه الإلكتروني ويقولون أنه من الحماقة فعل خلاف ذلك. إلا أن الرأي المعاكس لهذا يمكن إيجاده عند بؤرة الاقتصاد التكنولوجي الإلكتروني، حيث نرى أن بعض الأهالي والتربويين في مدينة

لوس ألتوس لديهم رسالة مفادها: أنه لا يمكن الخلط بين الكومبيوترات والمدارس. . . .

والمعلمة كاثي وحيد Cathy Waheed التي كانت سابقا مهندسة حاسبات، تحاول أن تجعل من التعليم أمرا شيّقا للتلاميذ وأيضا ملموسا ومليئا بالمشاعر والأحاسيس إلى حد كبير. وكان الدرس الذي قدمته للتلاميذ في العام الماضي يدور حول الكسور وذلك بجعل الأطفال يجزئون الطعام إلى أجزاء - مثل تفاح وتورتيلا مكسيكية وكعك كاتو أو تورتة - أي بمعنى إلى أرباع أو أنصاف أو أسداس. وقالت: «تناولنا جميع وجباتنا ولمدة ثلاثة أسابيع وذلك عن طريق تجزئة الطعام.» ثم أضافت قائلة: «وعندما أحضرتُ لهم قطعا كافية من الكعك لإطعام كل فرد فيهم ويستمتعوا بتناوله، فماذا تعتقدون، هل سأفوز بعد ذلك بانتباههم لي عندما أشرح الدروس لهم؟». . . .

ويقول المعلم السابق والأستاذ الجامعي في التربية في جامعة فرمان Furman University بولس توماس Paul Thomas ما يلي: «إن التعليم تجربة إنسانية. أما التكنولوجيا فتصرف انتباهنا عما نحتاجه من قراءة وكتابة وحساب وتفكير ناقد.». . . .

وفي الوقت الذي يقول المدافعون عن تكديس الصفوف بالأجهزة الإلكترونية أن الأطفال يحتاجون إلى وقت للكومبيوتر ليتنافسوا في العالم العصري، نرى أن أهالي تلاميذ فالدورف يناقضونهم ويقولون: لماذا الاستعجال بتعليم الأطفال الصغار كل هذا، مادام تعلُّم مهارات الكومبيوتر سهلا ويقدرون على أن يتعلموه بسرعة عندما يكبرون؟[3]

فنرى هنا في مدرسة فالدورف أن الأشخاص التنفيذيين لكبريات شركات التكنولوجيا في العالم يفضلون حماية أولادهم الصغار من أجهزة الكومبيوترات، فكم بالحَري بقية الأهالي والمعلمين، فيلزمهم أن يستمعوا إلى ذلك. غير أنه حتى لو لم ترغب المدارس في رمي تقنياتها الإلكترونية المبجلة إلى النفايات، فهناك نشاطات في الطبيعة يمكن أن تفعل المعجزات لإرساء الثقة بالنفس لدى الطفل. وفي بعض الأحيان، فإن كل ما يحتاجه الأطفال هو فرصة ليتعرّفوا بأنفسهم على أن العالم الحقيقي فيه إثارة أكثر من العالم الافتراضي. وتحكي لنا لوري رانكين Laurie Rankin، التي تعمل ضمن برنامج المؤسسة الخيرية الدولية لتوجيه الأطفال التي تحمل اسم Big Brothers Big Sisters (أي بمعنى إخوة كبار وأخوات كبيرات)، هذه القصة فتقول:

> كنت أقود مرة مجموعة من الأولاد في نزهة طويلة سيرا على الأقدام في منطقة كاتسكيلس Catskills الجبلية في ولاية نيويورك - وكنا محظوظين بطقس رائع وبإقبال جيد. وأتذكر بالأخص الصبي لانس Lance، بعمر 13، الذي وصل والسماعات على أذنيه، وهو يسمع موسيقى صاخبة، وأبلغني بطريقة شرسة قائلا: «لا أريد أن أكون هنا.» فقلت له: «شكرا لانضمامك إلينا!» أما شقيقته الصغرى جيس Jess، بعمر 11، فكانت هادئة لا تتكلم وخجولة. وعندما مررنا بصخور كبيرة بمحاذاة ممر الغابة، اقترحتُ عليها فكرة الاستمتاع بالقيام بمحاولة تسلق تلك الصخور لو رغبت في ذلك. إلا أنها أجابت بخجل: «لا، لا أستطيع أن أفعل ذلك،» لكني واصلت تشجيعها على القيام بالمحاولة، وتسلقتْ أخيرا بحذر كبير وبمساعدتي إلى أعلى صخرة من تلك الصخور.

وكانت على وشك أن تقف بطولها، لكنها خافت بعد ذلك، ونزلت بسرعة إلى الأسفل، وعلى وجهها ابتسامة عريضة.

ولاحظتُ أخاها لانس كان يراقب ما يجري. وتوقفنا عند الصخرة التالية، وفي هذه المرة تسلقت جيس من تلقاء نفسها إلى الأعلى ورفعت ذراعيها إلى الأعلى كعلامة الانتصار. وأنزل لانس السماعات إلى عنقه، واقترح على أخته توخي الحذر. ولما وصلنا إلى كومة أخرى من الصخور الكبيرة تسلق هذه المرة لانس مع أخته، وصار يقترح عليها مسك الأيادي واختيار مواقع لمواضع القدم ومن ثم الاحتفال معا بالانتصار عند القمة.

أن رؤية هذا الفريق من الأخوة يفوز بالثقة بالنفس في ذلك اليوم إنما هو شيء رائع حقا. فالتوترات التي قد تصادفهما من جراء شدائد ومآزق أخرى في حياتهما – مثل قراءة مقطع معين بصوت عالٍ في الصف، أو التحدّث مع أحد البالغين حول اقتراف إساءة معينة – ستخف وطأتها عليهما لأنهما قهرا بضعة صخور.

وفي رحلة العام التالي، كان لانس أول من خرج من السيارة. فلم يكن هناك أي أثر للسماعات. وكان متحمسا جدا ليريني ما كان عنده في حقيبته مثل بعض القفازات ليرتديها الأطفال عند تسلق الصخور وحبل لمساعدتهم لو كانوا خائفين. فقد تحوّل صبي العام الماضي إلى شاب وقائد للمجموعة.

لا يعيش جميعنا بقرب الغابات وجداول المياه مثلما قد يتمنى بعضنا، لكن المعلمين المبدعين يمكن لهم أن يفعلوا الكثير من

القليل. ويتذكر صديقي دانا وايزر Dana Wiser كيف وجدت معلمة ابنته وسيلة لإعطاء تلاميذها المساحة البيضاء والمجال الحرّ خلال النهار فيقول:

عندما كانت ابنتي ماري Mary في الصف الأول، كانت محظوظة بسبب حكمة معلمتها في التعامل مع الأطفال ومع عالم الطبيعة. وشجعتْ كل طفل لتبنّي شجرة من مجموعة الأشجار الموجودة حول ملعب الأطفال. وكانت الشجرة المحبوبة لماري شجرة الجميز، فكانت قوية وعالية، وذات جذع متين بحيث كان باستطاعة ماري الاختباء وراءها. فدرس كل طفل شجرته التي تبناها، متتبعا شكل أوراقها وقشرها اللحائي. أما وقت الهدوء الذي قضوه مع أشجارهم فكان رائعا بشكل استثنائي، فلو حصل أمر في المدرسة وعكّر نهار ماري، فما كان عليها سوى زيارة شجرتها، مستمدة العزاء من قوة الشجرة والسلوان من ظلها. وصارت تحب طوال حياتها جميع أنواع الأشجار، وخصوصا الجميز؛ وعلاوة على ذلك، هناك شيء من قوة الطبيعة الشافية يحيا في قلبها كهدية من شجرتها المحبوبة.

يمكن للمساحة البيضاء وعالم الطبيعة أن يكونا مصدر شفاء للأطفال المضطربين. إلا أن تأثيرهما يكون أفضل، مثل معظم العلاجات، لو تم التعامل معهما كحل وقائي يؤخذ في الوقت المناسب لتفادي تفاقم الأحوال. فباستطاعتنا استباق الأحداث وصنع تغييرات قبل استفحال الأمور. فهل يمكنكم الاستغناء عن التلفزيون؟ هل تعلمون بوجود آلاف من الأسر في عدد كبير من الدول تستغني عن التلفزيون، وبالتالي

قد حصدت نتائج مشجعة؟ وأنا شخصيا، باعتباري قد نشأت بدون تلفزيون، وجدت الأمر هيّنا جدا عندما أبقيه خارج بيتي، ومحافظا على أولادي من الإعلانات التجارية التي يقوم العالم بإعلامهم بها بدون رحمة، بالإضافة إلى الحفاظ عليهم من أمور أخرى، وأيضا من المزيد من الأجهزة الإلكترونية المتقدمة التي يحاول المجتمع إقناعهم بأنه «لابد من الحصول عليها.»

فلو فضّلت عدة عائلات متجاورة التحرّر من الشاشات، فقد يشكلون حركة عارمة. عندئذ سوف يتيسر للأولاد أن يلعبوا معا، ولن يشعر الكبار كما لو أنهم وحدهم الذين لا يتماشون مع تيار الزمن.

وفي بيتي، كما هو الحال في العديد من البيوت، فإن أجهزة الكومبيوتر هي مجرد أدوات للبالغين للقيام بعملهم؛ ولا نلتفت إليها طلبا للترفيه. ولم يتعلم أولادي الطباعة على الآلة الكاتبة إلا في مرحلة الدراسة المتوسطة، عندما كانت بحوثهم الدراسية طويلة جدا بما يكفي لتبرير هذا الجهد. وبإمكان الوالدين دعم البحوث التي يجريها أولادهم، والعمل كفريق واحد للبحث على الإنترنت لو تطلب الأمر، بل حتى الذهاب معا إلى المكتبة لاستعارة وتبادل الكتب. وهذه فرصة ثمينة للفت انتباههم إلى حقيقة ما موجود في شبكة الإنترنت وهي أن كل إنسان له أن يقول ما يريده لكن لا يعني ذلك أنه على حقّ.

أما أخبار العالم فينبغي أن تكون جزءا من تعليم الطفل، لكنها لا تحتاج إلى أن تكون مصحوبة بالصور. فهي صعبة حتى علينا نحن الكبار للتعامل مع الألم والمعاناة التي نراها في الأخبار كل يوم بدون أن تنهكنا أو تقسي قلوبنا، فكيف الحال بالنسبة إلى الصغار إذن؟ فلو خصص البالغون شيئا من الوقت للحصول على معلومات كافية عن الأحداث الجارية أو الاستماع إلى إذاعة الراديو الرسمية،

لأمكنهم توصيل بعض الموضوعات الصعبة بطريقة تحترم عمر الطفل ومستوى تفهّمه. وسيفضي هذا الأمر بدوره إلى فرصة لمزيد من النقاش في الأسرة حول معاناة العالم وما يمكن عمله للتخفيف من حدتها.

وبطبيعة الحال، فإن النقطة الحاسمة في الموضوع هي وقتنا، أي بمعنى أن المشكلة في عدم إخبار أطفالنا عن معاناة العالم وكيفية تحسينها هي أننا ليس لدينا وقت لقضائه معهم والتحدّث عن هذه المواضيع. ففي جدول حياتنا - نحن الكبار - المكتظ اكتظاظا غير معقول، ترانا لسنا متأكدين من توافر وقت للعمل واللعب مع أولادنا، أو للجلوس والتحدّث معهم عن الأخبار. أما في المدارس، فالوضع مماثل، لأن التزام المعلمين بالمواعيد اللعينة للمناهج المدرسية المقررة تقيّدهم وتمنعهم من حرية القيام بفعاليات إيجابية مناسبة ومفيدة للتلاميذ مثل أخذهم إلى الهواء الطلق خارج الصف ليتآلفوا مع الأشجار، على سبيل المثال.

إلا أننا عندما نفكر في البدائل، فيستحق الأمر خلق الوقت لقضائه معهم، الآن ومن دون تأجيل. فليس لنا سوى هذه السنين القليلة معا. وقد يتأسف مجتمعات البلاد على الظاهرة الواسعة الانتشار لضياع الشباب والمراهقين غير المبالين الذين لا يعرفون معنى الرحمة، لكن عندما لا يقوم أهالي الأطفال والمقربون منهم بإرشاد أرواح الأطفال وحمايتهم، فماذا نتوقع أن تكون النتيجة؟

لقد حان الوقت لنلقي نظرة فاحصة على جميع الأجهزة الذكية في حياتنا التي يدعوها الجميع أجهزة ادّخار الوقت. وعندما نجلس ونرسل رسائل نصية على مقعد بجانب ملعب الأطفال وأطفالنا يلعبون لوحدهم، فوقت مَنْ ندّخر؟ وعندما نرسل بريد إلكتروني آخر، أو نقرأ مقالة أخرى، أو نلعب جولة أخرى من لعبة فيديو

بينما يلعب أولادنا من حوالينا بمفردهم، فإننا كما لو نقول لأولادنا بأن هناك شيء آخر أهم منهم. وبإمكاننا التحدّث عن الإدمان التكنولوجي عند الأولاد بقدر ما نشاء، لكن المشكلة تبدأ في البيت عندما نستعمل نحن الكبار أيضا الأجهزة الإلكترونية.

فلنضع هواتفنا الذكية جانبا ولننسجم ولنتناغم مع تلك العجائب الحية التي تتنفس، وهي بانتظارنا لنراها ولننتبه إليها. ولنطفئ القوة الكهربائية، ونأخذ طفلنا بيده، ونريه أن العالم الحقيقي هو مكان رائع حقا.

الفصل الخامس

الطفل الماديّ

فحَيثُ يكونُ كَنزُكَ يكونُ قَلبُكَ.

قول من يسوع الناصري

في عالمنا الذي أصبح فيه المال يعكس بظله على كل ركن من أركان الحياة العامة والخاصة، يكمن الخطر الأكبر على الأولاد في العدسات الاقتصادية التي ننظر من خلالها إليهم. ففي الوقت الذي يجادل الأزواج الذين يترددون في الإنجاب ويطرحون حجة الأولاد بأنهم يشكلون حملا ثقيلا عليهم ومجازفة أو مسؤولية مالية للاستثمار في الأطفال، نرى من جانب آخر هناك تكتلات أخرى تقيّم الإنجاب على أساس الأسهم والفوائد.

وبعبارة أخرى، فإن هذه النظرة الماديّة التي تولِّد مثل هذا العداء تجاه الأولاد، هي نفسها التي ترحب بهم بأذرع مفتوحة عندما يكون لديهم مالا لينفقوه. وإذا كانت قوانين العمال قد أزالت الأولاد من القوة العاملة في العالم الغربي، فإن جيلنا الحالي لديه أسلوب مؤثر مماثل لأسلوب العبودية، ألا وهو: اكتشاف الطفل كمستهلك تجاري. وفي الوقت الذي يحاول فيه أصحاب الدعاية والإعلان النقر على جيوب الكبار المليئة الذين تعمل أموالهم على تشغيل أكثر المشاريع الاقتصادية ازدهارا في تاريخ العالم، فقد اكتشفوا أكثر الأسواق

المريحة، ألا وهي: الأولاد. فإنّ أولادنا ومراهقي يومنا الحاضر، الذين يُعدون من أسهل الأهداف التجارية، وهم في الوقت نفسه من أكثر المتملقين إقناعا لوالديهم، قد نجحوا في ترويض والديهم ومسكهم من اللجام وجرّهم إلى المجمعات التسويقية الكبيرة والمولات لغاية الحصول على ما يريدون.

أما الشركات التجارية الكبيرة التي تضع الأطفال نصب أعينها ومن قبل أن يتعلموا التكلم فهي متورطة تماما في جريمة إساءة معاملة الأطفال. وتشير الدراسات إلى أن معظم الأطفال لا يمكنهم التفريق كذلك بين كلام الباعة لترويج بضائعهم وبين سرد قصة، لغاية سنة الثامنة.[1] ثم إن الإعلانات التجارية تزرع الانقسامات بين الوالدين والأولاد. فتفرض حضورها أولا، سارقة دورنا لنكون حراس وحماة لأولادنا. فبدلا من القيام بدورنا، ترانا نحاول اللحاق بالركب، في محاولة لتصحيح فكرة سمعوها من مصدر يبدو مقنعا لمسامعهم. أما الآباء الذين يعارضون شعار «اِشترِ هذا الآن» فيرون أولادهم يتهمونهم بالخباثة وإساءة الفهم. فكم من مرة سمعنا هذه العبارات من أولادنا، «كل الناس عندهم من هذا» أو «كل الناس يفعلون ذلك»!

وقد توصلت الشركات التي تسوّق البضائع إلى مئات الطرق لتحط من قدر الآباء واستغلال ميل الطفل الطبيعي للتمرّد بوجه والديه ومعلميه، الذي هو بالحقيقة في أمس الحاجة إلى الاستماع إلى توجيهاتهم. فأي سلطة تربوية سيقبلون بدلا من ذلك؟ فهل من واجب الشركة أن تقول لطفلك عن أي أصدقاء ينبغي أن يصادقهم، أو ماذا ينبغي أن يلبس ويتحدث ويسلك ويفكر؟

وللأسف، يمكن للمدارس أيضا أن تصبح قنوات تسخرها الشركات لمصلحتها. إذ تحاول المديريات التربوية المشرفة على أقاليم

كثيرة في جميع أنحاء البلاد إقناع مدراء المدارس على توقيع عقود مع شركات تجارية كبيرة للاستفادة من الحوافز المالية التي تقدمها تلك الشركات وبالتالي ستقوم تلك الحوافز بتخفيض المخصصات المالية التي تدفعها المديريات للمدارس لغرض شراء اللوازم المدرسية مثل حواسيب حديثة أو عُدَد رياضية أو آلات بيع الأطعمة الأوتوماتيكية، إلّا أنّ هذه الشركات التجارية تكسب بالمقابل من وراء هذه الصفقة حقّا حصريا كاملا لتسويق منتجاتها في المدارس إلى الجموع الطلابية الأسيرة أثناء أوقات الغداء والاستراحة.

ورغم أن الملايين من الأولاد حول العالم يعيشون في ظروف فقر مُدقِع، إلّا أنّ معظم الأولاد في الدول المتقدمة صناعيا مثل أوروبا الغربية والولايات المتحدة، لديهم أكثر مما يحتاجون إليه. فنحن نقوم بتربية جيل لا يمكن أن نطلق عليه سوى تسمية جيل العفاريت، لكن دعونا أن لا نلقي باللوم كله على التلقيم التجاري المستمر الذي يتعرض له الأولاد يوميا - فأعتقد أنّ المشكلة لها جذور أعمق.

فالأولاد المدللون الذين تم تخريبهم بالدلال هم نتاج الوالدين المدللين الذين يصرون على الاستمرار في أسلوب حياة يقوم على فكرة وهمية تقول أن الإشباع الفوري للرغبات يجلب السعادة. ولم يتم إفساد الأولاد بسبب وفرة الطعام وتكديس لعب الأطفال وكثرة الملابس والأشياء المادية الأخرى فحسب بل حتى بسبب الاستجابة لنزواتهم والاستسلام لأهوائهم. فكم من أمهات منهكات بذلن قصارى جهدهن لتلبية طلبات أولادهن، ومستسلمات لهم لمجرد إسكاتهم أو تهدئتهم!

فمن الواضح، أن تلبية رغبات طفل أمر يختلف تماما عن موضوع تأسيس بيت عائلي. لأن تأسيس بيت عائلي معناه خلق مكان للمحبة ولشعور الطفل بالأمان. وللأسف، تنقص الكثير من الأهالي

اليوم معرفة المعنى الذي يتضمنه هذا. فتراهم مشغولين كثيرا ولا يقضون أي وقت مع أطفالهم. والبعض منهم مشغول جدا بوظائفهم أو بالأنشطة الترفيهية الخاصة بهم في أوقات فراغهم بحيث أنهم وعندما يرون أولادهم في نهاية يوم طويل، لا يبقى لديهم أي طاقة ليكونوا معهم. وربما يجلسون أحيانا في غرفة واحدة – أو حتى على الأريكة نفسها – لكن تفكيرهم في مكان آخر.

ولو ألقينا باللوم كله على وسائل الإعلام على ما تسببه لأولادنا من أنانية فلن نتمكن من معالجة الجشع القابع في قلوبنا، نحن كوالدين. فباستطاعة أولادنا رؤية بكل وضوح ما ننفقه من أموال على نفوسنا، نحن الآباء، وما نقضيه من أوقات على اهتماماتنا الشخصية. لذلك، فإن أفضل طريقة لمساعدة أولادنا للتخلص من الأنانية هي بمحاربة ظاهرة الجشع التي في داخلنا أولا وقبل كل شيء، والتواجه مع حب استحواذ الماديات التي فينا نحن كوالدين، حيث عادة ما تعيقنا هذه الأمور وتقف حائلا بيننا كآباء وبين خدمتنا لأولادنا. عندئذ يمكننا التحرّر والتوجه نحو أولادنا لخدمتهم وخدمة الآخرين أيضا.

وأن كل من جيفري جيه فرو Jeffrey J. Froh وجياكومو بونو Giacomo Bono اللذين ألفا كتابهما الذي بعنوان Making Grateful Kids (أي بمعنى تنشئة أولاد يتحلون بالشكر والعرفان) يشيران فيه إلى حل لهذه المشكلة كما يلي:

لو كان هناك دواء عجيب جديد في الأسواق يجعل الأولاد يحسّنون سلوكهم ودرجاتهم ويصبحون أكثر سعادة ويتجنبون التصرفات المحفوفة بالمخاطر، لصار العديد من الآباء والأمهات في جميع أنحاء العالم على استعداد لتفريغ

حساباتهم المصرفية لشرائه والحصول عليه. إلا أن الشيء العجيب هو أن مثل هذا المنتوج موجود فعلا. وهو ليس خاضع لأحكام مديرية الأغذية والعقاقير، وليس له أي آثار جانبية سيئة، وهو مجاني تماما ومتاح لأي إنسان وفي أي وقت. فهذا العلاج المعجزة هو فضيلة الامتنان والعرفان بالجميل.[2]

أليس من الغريب أنه كلما زادت الهدايا التي يتلقاها الطفل، قلّ سماع كلمة «شكرا» منه؟ ونحن الآباء والمعلمين بحاجة إلى إعادة اكتشاف مفهوم «الأقل هو الأكثر» وتوجيه أولادنا وإرجاعهم إليه. ويحتاج هذا الأمر إلى عنصر الإبداع والتغيير من جانبنا. وأعرف أحد الآباء الذي أمضى وقتا مع ابنه البالغ من العمر ست سنوات، موضحا له أن بعض الشركات التجارية أوقعت أسرتهم في خدعة ماكرة لمجرد كسب المال. فحثّ الوالد ابنه على تفتيش غرفته وسحب جميع الأشياء التي قد حصل عليها من خلال الدعاية التجارية. ثم ذهب الوالد إلى غرفته وفعل الشيء نفسه! وأمسى الولد بسرير وكرسي وطاولة فقط. أما غرفة الوالد فأمست فارغة تماما، لكنه بالنتيجة حصل على المزيد من الوقت ليقضيه مع ابنه.

ولعبت أسرة أخرى مع أولادها وتظاهرت بأنها كانت مسافرة إلى ولاية كاليفورنيا بعربة كبيرة تجرها أحصنة، من أجل التخلص من كل هو غير ضروري. فلو اتّحد الاباء والأولاد ضد الدعايات التجارية، لأصبح الفوز بالمعركة العظمى مضمونا سلفا.

ومن أفضل الطرق لغرس الاعتراف بالجميل في نفوس الأولاد هو التواصل مع أولئك الأفقر حالا. فلا فائدة من محاولة جعل الولد يثمّن وجبة العشاء التي أمامه بالتعميم الكلامي الآتي: «الأطفال في أفريقيا يتضورون جوعا.» فلا أعتقد مطلقا بأن مثل هذا الكلام

ينجح في إقناع طفل يتذمر دائما على الأكل. إلا أنه لو صارت الأسرة أو الصف المدرسي أصدقاء بالمراسلة مع طفل في أوغندا على سبيل المثال، وربما رعاية مصاريفه الدراسية، فسيتمكن الطفل آنذاك من استيعاب الموضوع. فعندما نتصور العقبات التي يجب على بعض الأطفال الشجعان في الدول الفقيرة التغلب عليها لمجرد تناول وجبة طعام واحدة في اليوم أو لمجرد الحصول على تعليم مدرسي بسيط، فيمكن لذلك أن يترك انطباعا في نفوس أطفالنا يدوم مدى الحياة وبناء علاقة صداقة مؤبدة مع أولئك التلاميذ الفقراء.

وهناك مقترحات أخرى للتواصل. فهناك بعض العائلات لديها أسلوب معين لعدم تراكم لعب الأطفال في منزلهم والتفكير بالمحرومين في آن واحد، ويسمون هذا الأسلوب «لعبة تدخل ولعبة تخرج؛» فلو اشتروا لعبة جديدة، فسوف تُهدى لعبة أخرى موجودة، فيرسلوها إلى طفل يحتاج إليها. غير أن تعليم الأولاد الامتنان والعرفان بالجميل ينبغي أن يتعدى مسألة اللعب والسلع المادية. فالعمل التطوعي في المطابخ الخيرية للشريدين والفقراء، لاسيما في الأعياد مثل عيد الشكر، يمكن أن يساعد الأولاد على فهم معنى الامتنان والشكر. بالإضافة إلى مساعدة بيوت ومعسكرات المهاجرين والنازحين واللاجئين التي لا تعد ولا تحصى.

وينبغي أن لا يخشى الآباء من أن يقوموا بخطوة شديدة أو تقديم جرعة قوية لأولادهم. لأن المبدأ السائد والمهيمن على النفوس والمترسخ في نسيج وجذور المجتمع يقول: «اِهتَمِمْ بمصلحتك دون مصالح الغير.» لذلك، ولمواجهة هذا المبدأ واقتلاعه من الأسرة نحتاج إلى اتخاذ إجراءات وقرارات شديدة بالقوة نفسها التي يملكها هذا المبدأ. لأن مجتمعات البلاد قد غرقت في هذه الرسالة الأنانية لفترة طويلة بحيث إجراء مجرد تغييرات طفيفة هنا وهناك لن

تكون كافية لعكس هذا الاتجاه أو لمساعدة ولدك.

وهناك أم بريطانية هاتي غارليك Hattie Garlick دونت تجربة أسرتها بعد أن قررت عدم إنفاق أي أموال على شراء سلع للأطفال لمدة عام. وبعد ستة أشهر من التجربة، كتبت تقول:

بدأتُ أرى أن المال الكثير الذي كنتُ أنفقه كان بسبب فقداني للثقة بالنفس. فلم يكن لدينا أي أقارب يسكنون بقربنا لا من أقاربي ولا من أقارب زوجي حتى لو ذهبنا لمسافة ساعة بالسيارة من بيتنا. لذلك، فبدون أن يكون هناك سند من نصائح ودعم الأقارب، كنت أشعر في بعض الأوقات بالخوف والعجز والوحدة.

فأصبحتُ فريسة سهلة لمسوقي السلع التجارية. وأتذكر مرة كنت واقفة في ممر أحد المحلات التجارية لبيع سلع الأطفال، وبين يدي طفلي الرضيع المصاب بالمغص وهو يزعق بالبكاء، فاسودت الدنيا في عيني بسبب فشلي في تربية طفلي، ثم رأيت فجأة في ذلك المحل تلك السلع الجميلة المعروضة أمامي وكأنها قوس قزح ملون جميل، فانبهرتْ عيناي وأيضا عقلي بها، وكأنها كانت توعدني بإعطاء «التهدئة» و «التسلية» لطفلي الغضبان. وبما أني كنت أريد تقديم الشيء الأفضل لابني، فانتابتني أفكار سيطرت عليّ ووقعتُ في براثنها وحاولتْ تلك الأفكار إقناعي بأني غير كافية لتربية ابني لوحدي. فلو أردتُ أن أكون والدة جيدة فأنا بحاجة إلى كل هذه الدعائم الماديّة التي تسندني - مثل نشرة تعليمية توضع فوق سرير الطفل ويتعلق منها بخيوط أشكال حيوانات أو طيور أو أسماك أو ما إلى ذلك، لكن

تلك التي رأيتها كانت حديثة جدا وتعزف قطع موسيقية
للموسيقار بيتهوفن، وكان هناك أيضا دروس لتعليم اللغة
للطفل بالإشارات، بالإضافة إلى شتى أنواع الأطعمة المهروسة
الجاهزة للأطفال المعلبة والمطبوخة في المعامل. . . .

وبسبب توفر مختلف أنواع الدروس والدورات
ووسائل الترفيه الباهظة الثمن في كل مكان من حولنا، فقد
تولّد شعور سائد بين الآباء والأمهات، مفاده أننا لو تركنا
الطفل يلعب خارج المنزل بمجرد أحد العيدان أو غصن
شجرة فسوف يحسبون ذلك العمل بالتأكيد عملا كسولا، أو
أسوأ من ذلك، خالٍ من العناية والرعاية والمسؤولية. غير أننا
وجدنا في خلال تلك الشهور أن معظم الأنشطة التي نستمتع
بالقيام بها معا هي، في الواقع مجانية ولا تكلّف، مثل: الطبخ،
والزراعة، وقطف الثمار البرية في الغابات أو المناطق الريفية
مثل شتى أنواع التوت البري والمكسرات وتحويل قسم منها
إلى مؤن غذائية مثل عصائر الفواكه والمربيات، أو مجرد
الجلوس مع الجيران لشرب القهوة و«للدروس الموسيقية»
(حيث يجلب كل فرد أية آلة موسيقية لديه، أو مجرد القرع
على القدور والمقالي، وندع الموسيقى تدوي). . . .

واكتشفتُ أن ابني جوني Johnny على استعداد لقضاء
ساعات وبكامل الفرح ليلعب في بناء أي شيء من صندوق
مستعمل من الورق المقوى، في حين لا يتسلى بلعبة جديدة
نشتريها له سوى لبضع دقائق. أما الآن فنعتني بيرقات
الضفادع وبزراعة الخضراوات في الحديقة، ويأخذ جوني
الأمر على محمل الجد حقا. وعندما يمرون علينا أجداده
في زيارة، يأخذهم هناك خارجا في جولة ليريهم ما يفعله،

ويقضون معا مدة طويلة في هواية مراقبة الطيور والفراشات ويتحدثون عن كيفية نمو النباتات.[3]

أن الأطفال لا يرون المنافع المادية بالطريقة نفسها التي يراها الكبار. ولكي أعود إلى بعض ذكريات طفولتي في أمريكا الجنوبية، فأتذكر جيدا أحد الزائرين الذي زارنا من أمريكا الشمالية، وسألنا: أليست الحياة صعبة بهذا المستوى المعيشي البسيط؟ فنظرتُ إلى ذاك الرجل الغريب وتساءلتُ بيني وبين نفسي: صعبة؟ ماذا يعني بذلك بحق السماء؟ فلم أكن أتصور وجود طفولة أسعد من طفولتي. أما الآن فأدرك الأساس الذي كان لفرحنا. فبدلا من أن يعطينا والدينا أشياء مادية، أعطيانا وقتا واهتماما على صعيد يومي. ومهما كان جدول أعمالهما مليئا، حاولا دائما تناول وجبة الفطور معنا قبل ذهابنا إلى المدرسة في كل صباح.

ثم إن مبدأ التجمُّع كأسرة، لتناول وجبة طعام أو ببساطة لإنهاء اليوم معا، يفشل الناس في تحقيقه لقلة أهميته في نظرهم؛ وحتى لو رغبنا فيه فإن تضارب أوقات دوام العمل لأفراد الأسرة وطول فترات المواصلات غالبا ما تجعله مستحيلا. وبغض النظر عن السبب، فإن الأولاد هم الخاسرون، وأنا شخصيا لست مقتنعا بأن السبب هو دائما ضرورة اقتصادية.

فعلى الرغم من أن والداي كانا يعملان لساعات طويلة، إلا أنهما حرصا على تحديد وقت معين لنا نحن الأولاد في نهاية اليوم للدخول إلى البيت للتجمُّع وإعادة تشكيل الأسرة. ويحتاج جيلنا لاستعادة هذا المفهوم - مفهوم إرساء أركان الأسرة - لإعطاء الأولاد أساس لحياتهم. ويتطلب هذا الأمر تضحيات من كلا الوالدين، لكن النتائج التي نحصدها تستحق الجهود المبذولة استحقاقا كاملا.

لقد شعرت بالدهشة خلال رحلاتي حول العالم، عندما وجدت أن بعض الأماكن الأفقر على وجه الأرض، مثل أفريقيا وأمريكا الجنوبية والشرق الأوسط، يوجد فيها حب شديد للأسرة وللأولاد، رغم افتقارها إلى أي من المزايا المادية التي نجدها بشكل أكيد في المناطق المتقدمة في الغرب. ثم إن معدل الوفيات للأطفال الرضع مرتفع، والمياه ملوثة، والطعام قليل، والأدوية شحيحة باستمرار، هذا إن كان هناك دواء أصلا. وتتألف ألعاب الأولاد عندهم من العيدان أو علب الصفيح، وتصنع الثياب من الأسمال البالية أو القمصان القديمة. ولا يوجد لدى الأطفال الرضع زجاجات للرضاعة أو أسرّة للنوم أو عربات أطفال. ورغم ذلك، لم أرَ سوى في هذه الأماكن مثل تلك الابتسامات المشرقة، أو احتضان حميم من القلب، أو حنان حار بين الأهالي وأولادهم الشباب، وبين كبار السن والأطفال الصغار. فماذا ينقص بيوتنا المترفة جدا وصفوف مدارسنا الفارهة في بلادنا بحيث يصبح أولادنا بهذه الحالة المزرية، بالرغم من توافر كل المستلزمات الدراسية التي يحتاجونها؟ ربما يرجع السبب إلى عدم وجود قضية نعيش ونعمل من أجلها، غير السيارة الأحسن والبيت الأكبر.

وأنا لست مولعا بالفقر ولا أدعو إليه، ولست متعاميا عن حقيقة وجود العديد من الأطفال الفقراء حتى في ما يسمونه «العالم المتقدم،» بدءا من مخيمات المهاجرين في ولاية فلوريدا وكاليفورنيا وإلى الأحياء الفقيرة لمدينة نيويورك وإلى الطرف الشرقي من مدينة لندن المكتظ بالفقر والمهاجرين. ففي هذه الأماكن وغيرها التي يصعب ذكرها لكثرتها، يُحرم الأولاد من أغلب الحاجات الضرورية الأساسية، هذا لو تركنا جانبا الماديّات الإضافية الأخرى الجميلة التي يشعر معظمنا بأننا نستحقها ومن الواجب حيازتها. فيؤدي الحرمان إلى استفحال إهمال الأولاد والازدياد في سوء معاملتهم. وأصلي لأجل

هؤلاء الأولاد يوميا، وتعتبر معاناتهم إدانة للمجتمع الذي يغصّ فيه أولاد آخرون بسبب الغزارة المفرطة للحاجيات التي عندهم. واعتقد اعتقادا جازما أن رفاه الطفل لا يتوقف على الثراء المادي وإنما على إحساسه بأنه محبوب.

قالت الأم تريزا مرة بعد زيارة إلى أمريكا الشمالية، أنها لم ترَ سابقا مثل هذه الوفرة من الأشياء، لكنها أضافت قائلة: «أنني لم أرَ أيضا مثل هذا الفقر الروحي والشعور بالوحدة وإحساس الأولاد بأنهم مرفوضون. . . . وأن أسوأ مرض في العالم اليوم، ليس السل أو الجذام. . . . إنه الفقر الذي يولد نتيجة قلّة المحبة.»

ماذا يعني أن تقدم المحبة للطفل؟ إن العديد من الوالدين وخاصة الذين يبعدهم عملهم عن عائلاتهم لأيام أو أسابيع في بعض الأحيان، يحاولون التغلب على الشعور بالذنب من خلال إحضار الهدايا للبيت. وينسى هؤلاء رغم نيتهم الحسنة، أن ما يريده أطفالهم حقا ويحتاجون إليه، هو العناية وقضاء الوقت معهم، وإلى آذان صاغية وكلمات تشجيع.

ويعلم الآباء جيدا في أعماق نفوسهم، أن تربية الأولاد تستلزم أكثر من مجرد تزويدهم بما يحتاجون إليه من ماديات، أو تدريسهم وقت الامتحانات فقط. هذا وقلما نرى أب (أو أم) لا يعترف بضرورة قضاء المزيد من الوقت مع أولاده. وغالبا ما كان يقول والدي أن الاستثمار في الوقت الذي تقضيه مع أولادك أهم بكثير من الاستثمار في حسابك المصرفي.

ومما لاشك فيه، انه من المستحيل العيش بدون المال والأشياء المادية، فضلا عن ضرورة وجود معيل لكل بيت وتخطيطات للمستقبل. غير أن الشيء الذي سيبقى معهم أخيرا ولمدى الحياة هو المحبة التي نقدمها لأولادنا وليس الأشياء المادية. وهذا شيء ننساه

كلنا بسهولة كبيرة أمام مغريات استلام راتب أكبر أو وظيفة أفضل.

وكان أحد أصدقائي واسمه ديل Dale يعمل في واحدة من اكبر الشركات القانونية في العالم. ورغم أنه كان يكسب من المال في عام واحد أكثر مما يكسبه العديد من الناس في حياتهم، إلا أن راتبه ومركزه لم يعنيا شيئا لعائلته - ربما لأنه لم يكن في المنزل لينعم بذلك معهم. وكان ما يقدمه من أعذار لا يجري قبوله قبولا رحبا على الإطلاق - سواء كان ذلك من زوجته أو أولاده. ولهذا قرر ديل أن يستمع إليهم بدلا من أن يقوم بالتمسك برأيه. وبعد أن سمع ما فيه الكفاية، قرر أن هناك شيئا واحدا يجب أن يقوم به ألا وهو: أن يترك الشركة. فها هو يقول:

قبل عشر سنوات، كنت عائدا مع أحد الزملاء من مسابقة لأشبال الكشافة في غابة من أشجار الصنوبر، وبينما كانت السيارة مليئة بالأولاد يلعبون ويضحكون في المقاعد الخلفية، تنحنح زميلي وبدأ يتحدث عن موضوع صعب، فقال لي: «ديل، لقد ارتكبتَ خطأ كبيرا بترك الشركة القانونية. هل تدرك ذلك؟» وكان يشير إلى قراري بتقديم رسالة إخطار بستة أشهر قبل استقالتي. ثم استمر في الحديث قائلا: «فلا يحقّ لك أن تفعل ما تريد، فلديك خمسة أولاد، ومن واجبك أن توفر لهم أحسن حياة ممكنة، وان ترسلهم إلى أحسن الجامعات التي يمكن أن يلتحقوا بها. انك تتهرب من واجبك.»

ومرت لحظات قليلة، ثم أجبت عليه في النهاية قائلا: «لم تكن هذه الفكرة فكرتي، لم أكن انوي قط أن أُقلّص ساعات عملي إلى أقل من عشرين ساعة في الأسبوع، لكن

توسّلْنَ بناتي بي لكي أترك العمل.»

وهذا ما حدث فعلا، فقد نجحتُ خلال السنتين الماضيتين في جدولة عملي لكي لا أعمل أكثر من عشرين ساعة في الأسبوع في سلك المحاماة، وعليه وفرت أيضا عشرين ساعة في خدمة الرجال المصابين بأمراض مميتة مثل الإيدز أو السرطان. وكان هذا يعد تغييرا جذريًا في حياتي كمحام قضى معظم وقته في السفر بالطائرات، وفتح الحسابات في كل أنحاء البلاد، وعمل لفترة ثمانين إلى تسعين ساعة في الأسبوع. إلا أنه عندما حدثت حرب الخليج في العراق، ازداد عملي الجزئي في المجال القانوني فجأة وكأنه انفجار، وفي الحال وجدت نفسي أعود إلى جدول دوامي القديم الطويل.

وبعد ستة أسابيع من هذه العودة، اختفت ابنتي التي كانت في الصف السادس من المدرسة: إذ ذهبنا بعد ظهر أحد الأيام لإحضارها، لكنها لم تكن هناك. وفتشنا عنها أكثر من ساعتين، ثم اتصلنا أخيرا بالشرطة. وقد وجدها فيما بعد أحد الأصدقاء وهي تسير وحدها على رصيف أحد الطرق وهي تبكي. وكان تفسيرها بسيطا، فقالت: «يا بابا، عندما كنتَ بعيدا عن البيت وتشتغل كل الوقت فلم أهتم، أما الآن فقد اعتدنا على وجودك هنا معنا، فلا أتحمّل أن تغيب مرة ثانية، فأريد منك أن تترك عملك في سلك المحاماة.»

فحاولتُ في البداية أن اطلب من ابنتي الأكبر منها التي كانت في الصف التاسع أن تتحدث إلى أختها الأصغر منها وتقول لها شيئا معقولا لإقناعها، فلم يجد ذلك نفعا، فلقد اتفقت معها كليا. ثم وضعتُ الأمر على قطعة من الورق لكي تفكران فيه، ولكي مجرد اشرح لهما عن العواقب الاقتصادية

القاسية التي ستصيبنا: فهناك دفع فواتير الملابس والسيارة والبنزين والتأمين والكتب المدرسية والحفلات الراقصة والكلية والرحلات. . . . إلخ، ولكنهما لم تُعِيرَا الموضوع أي اهتمام، فلم ترغبا في شيء سوى أن أكون معهما.

ومع اقترابنا من شارة الضوء الأحمر أخذ زميلي يوقف السيارة، وقال لي بانزعاج: «شُفْ! إنك تتهرب من مسؤولياتك!» ومرت لحظات قبل أن أختم حديثي، لأنني شعرت بأهمية إنهاء الحديث. وكنت في تلك اللحظة أصوب نظري نحو مجموعة من الأشجار التي كانت ترفض أن تكون في خط مستقيم، وترفض أن تخضع للسيطرة، وترفض أن يجري قطعها ثم قصّها بقوالب محددة في المصانع.

فقلت له بلطف: «لا أوافقك الرأي. وأراهن بأنك أنت أيضا لا توافق على هذا في صميم قلبك.»

الفصل السادس

بالأفعال وليس بالأقوال

لا تقلق لعدم سماع أولادك لكلامك، لكن أقلق عندما يراقبك أولادك دائمًا.

قول من روبرت فولكوم Robert Fulghum

كاتب أمريكي للمقالات القصيرة

يعرف معظمنا ما هو صالح وما هو طالح للأولاد. إلا أنه، وللأسف، هناك فجوة كبيرة بين معرفتنا للشيء الصحيح الذي نريده لأولادنا، وبين قدرتنا على أن نضمن حصولهم على السلوك السليم. ومن الواضح أن هذه الفجوة ما تزال قائمة في العديد من البيوت.

وعندما يرمي الأطفال والمراهقون أنفسهم للانغماس في الثقافة الفادحة للحركة الغوثية Goth culture، وفي العصابات، والعلاقات الجنسية، أو المخدرات، فهم ليسوا متعامين عن جميع المخاطر المترتبة عن كل ذلك. وغالبا ما يناشدهم آباءهم ومعلميهم بكثير من الجهد، ويقدمون لهم العديد من النصائح من اجل مستقبلهم وصحتهم، وقدرتهم على المساهمة في بناء المجتمع بطريقة إيجابية. إلا أن الأولاد ليسوا بأغبياء. فالذي يلمسونه هو أنّ اهتمام آبائهم الرئيسي مُنصبّ على علاماتهم في الامتحانات وليس عليهم هم

شخصيا كأولاد، ولهذا تراهم يتمردون عليهم.

وتقول حكمة قديمة، أنّ القلق لدى المراهقين هو «مجرد مرحلة.» ونحن نعلم بأن المراهقين يغضبون دائما من السلطة الأبوية، ولن تتغير هذه الظاهرة فهي مسألة طبيعية ومفهومة. أما لو أصبح التمرد أسلوبا من أساليب الحياة، فلا يجوز إهمال الموضوع والتغاضي عنه. فنحتاج إلى نظرة أعمق. فما الذي يتمرد عليه المراهقون بشدة اليوم، ولماذا؟

أنّ الجواب في نظري بسيط: إنه رياء الوالدين. واعترف بأن هذه الكلمات قوية؛ ويمكن أن يكون فيها شيء من القسوة في الإشارة إلى أن هناك من الآباء من يقوم بوعي تام بتنشئة أولادهم على خُلُق معين، في حين تصرفاتهم كوالدين معاكسة. والحقيقة المُرّة هي أن هذه الأمور تحصل فعلا - وتحصل بطرق متعددة. وانظر مثلا إلى العذاب الذي يفيض من قلب إحدى طالبات الثانوية التي اضطرّت، وبعد حادثة «مجزرة مدرسية» قرب جامعة تكساس، إلى تأويل ما اعتقدت السبب الكامن وراء زيغان الأمور بحيث صارت الأحوال «سيئة للغاية» فتقول:

> دعني أخبرك بهذا: إن هذه المسائل لا تمثلني أنا فحسب وإنما تمثل جيلا كاملا يصارع في سبيل إدراك سنّ الرشد وإيجاد معنى لهذا العالم.
>
> فلماذا يكذب أغلبكم عندما تقدِّمون عهدكم بالزواج وتقولون سنبقى أوفياء «حتى يفرقنا الموت»؟
>
> ولماذا تخدعون أنفسكم بالاعتقاد بأن الطلاق هو بالتأكيد أفضل للأولاد على المدى البعيد؟
>
> ولماذا تسمحون لنا بمشاهدة أفلام العنف، وتتوقعون

منا المحافظة على نوع من البراءة الطفولية؟

ولماذا تسمحون لنا بقضاء وقت غير محدود على الإنترنت، ومن ثم تصطدمون بمعرفتنا عن كيفية صنع قنبلة؟

ولماذا تخافون كثيرا من أن تقولوا لنا «لا» أحيانا؟

واطلقوا علينا ما شئتم من الألقاب، ولكنكم سوف تصابون بالدهشة من فشلنا في التطابق مع الطراز المُهندم الصغير الذي تتوقعونه. . . لقد حان الآن وقت حصاد ما قمتم بزراعته.[1]

مهما كان في بعض هذه الأسئلة من اتهامات، لكنني اعتقد أن كل سؤال منها صحيح وجوهري لكي يأخذه جميع الآباء بعين الاعتبار. وإن العديد من القضايا التي يثيرها الأولاد يصعب الإجابة عليها بمجرد كلمات قليلة، لكن جميعها يرتبط بقضية مركزية واحدة وهي: النظرة المنتشرة بين الشباب إلى أن الكبار مزيفون.

ويظهر رياء الوالدين بوضوح في فترة مبكرة من التربية، لكنه يظهر على الأغلب بشكل دلس وغير ملحوظ. ففي بعض الأحيان، يكون سبب الحيرة التي تنتاب الطفل هو سماع الطفل توجيه معين في المدرسة وتوجيه مختلف في البيت؛ أو توجيه معين من أحد الوالدين وتوجيه مختلف من الوالد الآخر؛ أو مجموعة من الإرشادات في احد دروس المدرسة، ومجموعة أخرى تختلف اختلافا كليّا في الدرس الآخر. وفي حالات أخرى، تنشأ الحيرة بسبب النصائح المتقلبة: فعندما يتعلم الطفل عبرة معينة أو نظام معين، يرى والديه يخالفونها، أو يضيفون استثناءات عليها، أو يجدون تبريرات لعدم تطبيقها. وغالبا لا تضرّ هذه الأشياء بدرجة كبيرة.

إلّا أنّ المشكلة الحقيقية تظهر - وهذا شيء منتشر بصورة

واسعة أكثر مما نتصور - عندما يجري تعليم الأطفال كما يلي، «اِفعل أقوالي وليس أعمالي.» لذلك، وحينما يقال لهم هذا، وباستمرار، وبأسلوب يشبه المزح، فسيتعلمون تدريجيا، أنه لا يوجد أبدا أي شيء أسود جدا أو أبيض جدا أي بمعنى ليس دائما يكون الشيء جيدا أو سيئا، وستتولد عندهم هذه الفكرة لغاية اقترافهم إحدى السيئات باختيارهم لعمل غير مناسب في وقت غير مناسب. عندئذ، يقاصِصُهم آبائهم لتخمينهم غير الصحيح للسلوك. وسوف يرى الأولاد العقوبة غير عادلة دائما.

وباعتباري والدا، فأعرف جيدا مدى صعوبة بقاء إرشادات الوالدين متطابقة دائما - والعكس صحيح، فما أسهل إرسال إيعازات مربكة للأبناء ومن دون التفطُّن لها. ولما كنتُ قد قدمت المشورة للمئات من المراهقين خلال العقود الثلاثة الأخيرة فقد علمتُ أيضا مدى حساسية الشباب لمثل هذه الرسائل المتضاربة والحدود المتناقضة التي يرسمها الوالدان للسلوك لأولادهما، ومدى استعداد الشباب لرفض كلتا الحالتين على اعتبارهما علامة على رياء الوالدين. غير أنني تعلمت أيضا كيف يمكن حل أسوأ صراع عائلي بسرعة، عندما يتواضع الآباء ويعترفون بتضارب ما أرادوه من أولادهما وبعدم وضوحه أو بأنه غير عادل بحقّ أولادهما. وقد رأيت سرعة استجابة معظم الأولاد لذلك ومسامحتهم لوالديهم.

وفيما يخصّ أساليب الأولاد التي غالبا ما تعكس أساليب والديهم - سواء كانت أفعالهم أو سلوكهم أو سمات التصرف أو صفاتهم الشخصية - كتب جدي ايبرهارد آرنولد Eberhard Arnold الذي كان كاتبا معروفا أنّ الأولاد يشبهون جهاز الباروميتر الذي يقيس ضغط الهواء: أيْ بمعنى أنهم يسجلون بوضوح أيّ تأثير أو ضغط يؤثر عليهم، سلبا أو إيجابا. فغالبا ما نرى مظاهر البهجة

والاطمئنان النفسي، والكرم والتفاؤل، واضحة على الأولاد بالدرجة الواضحة نفسها التي عند الوالدين. وكذا الحال مع المشاعر السلبية. فلو لاحظ الأولاد الغضب والخوف وعدم الأمان أو عدم التسامح لدى الكبار - خاصة إذا كانوا هم الهدف من ذلك - فلن يمضي وقت طويل قبل أن يقوموا هم أيضا بالتصرف بالطريقة نفسها.

وتذكرنا شخصية الأب زوسيما Zossima في رواية الأديب الروسي دوستويفسكي Dostoyevsky التي تحمل عنوان «الإخوة كاراماروف،» بأنّ مثل هذه الحساسية لدى الأولاد كبيرة جدا، لدرجة أننا نستطيع تشكيلهم بدون وعينا بذلك أيضا، كما أنه يوبخنا على أننا يجب أن نأخذ بعين الاعتبار أثر كل شيء نقوله أو نفعله بحضورهم. فيكتب قائلا:

> في كل يوم وفي كل ساعة. . . . تأكد من أن تكون شخصيتك لائقة وطيبة. فقد تمرّ بطفل صغير، وأنت شرّانيّ وتتلفظ بكلمات قبيحة وقلبك مليء بالنقمة؛ وربما لم تنتبه أنت إلى ذلك الطفل، لكنه رآك، وقد تبقى شخصيتك غير الطيبة والمخزية في قلبه الأعزل. ومن دون أن تدري، فربما تكون قد زرعت بذرة الشرّ فيه، ويمكن لتلك البذرة أن تنمو فيه. . . . كل ذلك لأنك لم تُربِ في نفسك محبة عاملة، ومحبة معطاءة تتكرّم بحرارة وبسرعة.[2]

أنّ الأولاد اليوم بعكس الأولاد الأبرياء في عهد دوستويفسكي، فهم معرضون إلى وابل مستمر من الصور والانفعالات التي قد يكون تأثيرها بصورة مجتمعة، أقوى بكثير من أكبر رعاية يبديها أحد الكبار في حياتهم العائلية. ونظرا لحالة ثقافة مجتمعات بلادنا، الذي يخرّب

دور الآباء عند كل منعطف من منعطفات الحياة، فقد أصبحت تنشئة الأولاد مهمة شاقة. ورغم جهودنا المبذولة فإننا بعيدين كل البعد عن النموذج الصحيح الذي ينبغي أن نتّصف به.

فخذ العنف على سبيل المثال. فالجميع قلق بشأنه، ومتفق على انه شيء سيء للأولاد، لكن هل هناك مّنْ يقوم حقا بفعل شيء حياله؟ فبدءا بالقاعات المبجلة للكونغرس ونزولا، فلا يوجد شيء يُذكر. ويتشاحن السياسيون حول موضوع السيطرة على السلاح، ولكن هل هناك أية إجراءات حاسمة تم اتخاذها؟ وفي أثناء ذلك، تستمر موجة اطلاق النيران في المدارس، مُنجِبة أشخاص مقلدين لهم ويحذون حذوهم بشكل غير مسبوق.

وقد شرفني تقديم المشورة ولمرات عديدة إلى عائلات ضحايا الجرائم المذكورة أعلاه. وبطبيعة الحال، تحتاج تلك العائلات إلى وقت ليتحدث ويبكي بعضهم مع بعض على ما حصل معهم من جراح واضطراب نفسي، وهم ليسوا على استعداد الآن لتحليل الأسباب واستلام النصائح. إلا أن التطرق إلى الأسباب الجذرية للعنف المدرسي لا يمكن تجنبه أثناء الحديث معهم. وتكتب عن هذا الموضوع الكاتبة الروائية باربرة كنج سولفر Barbara Kingsolver فتشير إلى التناقضات الموجودة في محاولاتنا للتصدي للعنف، فتقول:

> دعونا ألا نقلل من مأساة رهيبة عن طريق التظاهر بأنّ تلك المجزرة لم يكن لها أيّ داعٍ أو معنى. فبقولنا أنها «بدون معنى» فإنما نريد بذلك قول أنها «بدون سبب،» وعليه لا تتطلب منا القيام بأي عمل أو إجراء. ثم وبعد فترة مناسبة من التحسُّر والأسف وتقليب كفينا على ما حدث، نعود إلى أعمالنا كالمعتاد ونستمر على الوتيرة نفسها. إلَّا أنَّ

ما يتطلب شجاعة هو أننا نقرّ بأنّ هذه الحادثة فيها أكبر المعاني والمدلولات.

يعتاد الأولاد الاِقتداء بتصرفات الكبار على كل المستويات المتاحة لهم. فأولاد شعبنا يكبرون في بلد يلجأ أهم الرجال فيه وأكثرهم تأثيرا - سواء كانوا من الرؤساء أو أبطال الأفلام السينمائية - إلى حلِّ المشاكل من خلال قتل الناس. ويمكن التنبؤ تماما بأنّ بعض الأولاد الذين يتوقون إلى الشهرة والتأثير، سوف يحصلون على البنادق والقنابل كوسيلة لذلك. وليس من المستغرب أن يحصل ذلك في إحياء الطبقة الغنية؛ هذا وأنّ العنف الذي تمارسه المؤسسات الحكومية مزروع في بيوت الأحياء الميسورة في النواحي الراقية للمدن. فلا تنظر كثيرا إلى العصابات الموجودة في منزل أخيك قبل أن تتفحص البنتاغون في بيتك. [فهذه الجرائم المأساوية] كانت وليدة حتمية ولدت من حضارة تروِّج بكل تفاخر وبصوت عالٍ تصفية الحسابات على الصعيد العالمي بالإطلاق الفوري للنار. وهذه الحضارة هي نحن.

وقد يبدو لك بوضوح أنّ كل من النازيين والقوة البحرية الأمريكية وفيلم المبيد Terminator يقتلون لأسباب وجيهة متعددة، ولكن، وكما يعرف كل الآباء، أنّ الأولاد جيدون في تجاهل مكرنا المحبوك بل حتى قادرون على النظر من خلاله ومعرفة حقيقته.

وإنّ ما يراه الأولاد هو كالآتي: القتل وسيلة سامية للعقاب والسيطرة. أما الأمريكيون الذين لا يؤيدون ذلك فيتعرضون للسخرية، لكن دعونا نواجه الأمر على حقيقته، فالقسم الأكبر من الأمريكيين يعتقد أن سفك الدماء ضروري

من اجل المحافظة على أسلوب حياتنا، حتى لو كان هذا
يعني وجود خطر إطلاق النار بصورة خاطئة على الناس
بين حين وآخر - مثل قصف المدنيين أو الحكم خَطَأً على
الأبرياء بالإعدام.

.... فهذا ما صار يتضمنه معنى «أسلوب حياتنا» في
المجتمع الذي يحتضن العنف. فقد علّمنا أولادنا بألف طريقة
أنّ الشخص الشرير يستحق الموت، إما بالتلويح بالأعلام
لإثارة المشاعر الوطنية، وإما بالمسلسلات التلفزيونية التي
يصاحبها الضحك الوهمي.[3]

من الواضح أن الطريقة الملتوية التي نتعامل بها مع العنف ليست
ظاهرة اجتماعية أو سياسية فحسب بل أيضا ظاهرة لها جذور في كل
غرفة من غرف المعيشة في بيوتنا. إذ يراها الأولاد إما على الشاشات
وإما على أيادي أولئك الذين يُفترض بهم أن يكونوا حماتهم. والمسألة
هنا ليست مجرد مسألة العنف. وبغض النظر عما إذا كانت المسألة
رذيلة أو فضيلة، فإنه من غير المجدي محاولة تعليم أبنائنا عن
العنف، ما دامت أفعالنا وكلماتنا على خلاف بعضها مع بعض. وكما
يوضح عالم النفس كارل يونغ Carl Jung، فيقول: «لو أردنا تغيير
وإصلاح أمر ما في الطفل، لوجب علينا تفحُّص نفوسنا أولا لرؤية ما
إذا كان من الأولى تغييره في نفوسنا.»

وغالبا ما يكون السبب الجذري لذلك التناقض بين كلامنا وأفعالنا
هو ببساطة: الكسل. وقد تكون هذه الكلمة قاسية، ولا يرغب أحد
منا في أن تشمله هذه الكلمة، لكن علينا أن نصارح أنفسنا بهذا
السؤال التالي: عندما نتواجه مع أزمة في حياة أحد أولادنا، ألا نأخذ
الطريق السهل، ونردّ عليه إما بالانزعاج وإما بإصدار عقوبات فورية

ليتحمل تبعات أعماله، ثم ننسى الأمر بعد ذلك حتى يحصل ثانية في المرة القادمة؟

وربما يرجع سبب ذلك إلى أننا مشغولون، أو مغلوبون على أمرنا، أو ببساطة متعبون. إلا أن كل ذلك لا ينفع شيئا، لأن الأولاد يمكنهم التحسُّس بالخداع الموجود في هذا الرد التلقائي السريع. ولنفهم نقطة مهمة هنا في هذا الموضوع وهي كالآتي: فلو قام الولد أو البنت بتصرفات مغلوطة أو ببعض المشاكسات فهي في كثير من الأحيان محاولة لاختبار حدود صبرنا وسعة صدرنا، والسبب هو أنه (أو أنها) يسعى في طلب الحصول على حدود آمنة للسلوك التي نرسمها له للاتكاء عليها بحيث تكون مصدرا للاطمئنان النفسي له (أو لها). وبالرغم من أننا نحن الآباء نميل إلى اختيار حلول سهلة لحل مشاكل الأولاد (وهي سمة بشرية عادية) وفيها القليل من وجع الرأس لنا، إلا أنها نادرا ما تكون نهجا سليما للتربية. فيجب أن نسعى إلى مصلحة الولد ونكون له مئة في المئة لحل مشاكله وصراعاته من خلال التفرُّغ الفكري الكامل له وتخصيص الوقت اللازم بسعة صدر لشرح الأمور له وتلقينه الدروس والعبر وبكامل الهدوء للتوصل إلى حلول يفرح لها الضمير. لأن نفسه متعطشة لتدخلنا في حياته وتنادي إلينا لنعطيها الأمان.

ثم إن الفكرة القائلة بأن التربية هي بحد ذاتها «مشكلة» إنما هي فكرة سلبية. فقبل كل شيء، ينبغي أن تكون تربية الأولاد الذين ننجبهم إلى هذا العالم مسألة مفرحة ومشرّفة. إلا أن عدد الآباء الذين ينظرون بإيجابية إلى مسؤولياتنا الموروثة أخذ يقل شيئا فشيئا. ونتيجة لذلك، لم تعد الأبوة واجبا طبيعيا، بل فرضاً يجب على الحكومة إجبار الرجال على تنفيذه؛ أما الأمومة فتمّ الانقضاض عليها على الفور وصار يُنظر إليها على أنها أكبر تضحية؛ وتمّ اعتبار

محبة الإنسان لطفله كنوع من أنواع الفنون أو المهارات التي تتطلب تدريبا خاصا.

غير أننا نرى الحكمة نفسها أمامنا ولا يمكننا التهرب منها سواء كانت في مجلات التربية أو في الكتب الشائعة، وهي كالآتي: قد يكون الأطفال حلوين ويجنّنون، لكن تربيتهم واجب لا شكر عليه. ولهذا تسعى هذه المجلات دائما إلى تقديم النصائح للأزواج من أجل الخروج وترك المنزل وقضاء عشاء رومانسي على ضوء الشموع، أو قضاء الوقت معا في عطلة أو نهاية أسبوع طويلة لوحدهم. ولا تسألني: أين الأطفال من كل هذه المشاريع؟ فقلما يُذكرون – وهذا شيء محزن، لأن الساعات التي تقضيها مع أولادك خلال نشأتهم، هي بالحقيقة ستكون فيما بعد، من أجمل اللحظات الممتعة في حياتك الزوجية. أما فيما يتعلق بصراع الآباء وتضحيتهم والأوقات العصيبة التي يمرون بها، فهي بنّاءة وتكوينية للطفل مثل اللحظات الممتعة وبالقدر نفسه. فالذكريات السعيدة هي مجرد لحظات – ممتعة – أما الأوقات العصيبة فهي التي بالحقيقة تقوّي العلاقات والأواصر الأسرية.

فما بالنا نحن الوالدين نستميت في تجنب الجزء الصعب من الأبوة والأمومة، ونتعامى عن سبلها التي تساعدنا جميعا في النمو؟ وتقول كلير Clare بهذا الخصوص، وهي إحدى الأخوات من أفراد رعيتنا ما يلي:

ربما يرجع السبب إلى أنّ جيلنا لم يَنْمُ نموا حقيقيا على الإطلاق. فما زال العديد منا يسعى إلى شريك الحياة المثالي أو إلى السيارة المثالية، أو إلى أي نوع آخر من السعادة البعيدة المنال. فلا نعرف ماذا يتضمنه تقديم التضحيات،

وما العطاء غير الأناني الذي يجب تأديته من دون ترجي الشكر والمديح. فلم نتعلم منذ صغرنا على تقديم التضحيات حتى بلوغنا سنّ الرشد.

قد نتجنب أحيانا بعض المشاكل الصعبة، لأننا بكل بساطة نشعر بالإنهاك وعدم قدرتنا على مواجهتها. في حين يرتبط ترددنا في أحيان أخرى بالشعور بالذنب، فيراودنا السؤال الآتي: لماذا أكون قاسيا على أولادي وأنا قد فعلت الأخطاء نفسها؟ أو كيف بإمكاننا تقديم نصائح واضحة وحياتنا وعلاقاتنا كأهل بحد ذاتها غامضة؟ وقلما يكون لتفكير كهذا تبعات فورية نراها بوضوح، لكنها ستلحق بنا قبل أن نلحق بها. وتحكي لنا بيا Bea، وهي من إحدى معارفي، مثالا مؤثرا، فتقول:

لدي صديقة اسمها كيت Kate حاولتْ الانتحار في المدرسة الثانوية ثلاث مرات. وكانت عائلتها تأخذها دائما بسرعة إلى غرفة الطوارئ، لتفريغ معدتها (فقد كانت تتناول الحبوب في كل مرة)، وبعدئذ تعود مباشرة إلى المدرسة. فلم تفعل العائلة أي شيء لمساعدتها مطلقا. . . . وكان والدا كيت قد تطلقا قبل عدة سنوات وكل منهما تزوج ثانية من شخص آخر، ولم تكن أيّ من الأسرتين ترغب رغبة صادقة ببقائها معها. فقد كانت كيت في نظرهما تمثل دائما ماضي العلاقة بينهما، أما هما فكانا يريدان أن يعيشا حياتهما الخاصة. فلم تتناسب كيت مع خطط حياتهما.

فما أكثر الأطفال الذين لا ينسجمون مع خطط أهاليهم الذين

أعطوهم الحياة وأنجبوهم إلى هذه الدنيا! أو بالأحرى، ما أكثر إعطاء الأولوية لأنفسنا ورغبتنا في الحصول على «السعادة» و «تحقيق طموحاتنا» قبل احتياجات أطفالنا!

والجنس هو موضوع آخر يكثر فيه تشويش الأولاد ولا يتلقون وضوحا قاطعا فيه من قِبَل الآباء حتى من قِبَل الآباء الذين لديهم أفضل النوايا - وإن لم يكن هذا التشويش بسبب رياء الأهل ومساومتهم، فسيكون على الأقل بسبب الإيعازات المتضاربة التي يقدمها الآباء لأولادهم. وكما هو الحال مع العنف، كذلك هو مع الجنس: فهو واحد من أكثر موضوعات اهتمام الوالدين ومخاوفهم، ومن أكثر الموضوعات التي يتم الحديث عنها. إلا أننا في خضم قلقنا - كآباء - بشأن موضوع الجنس لدى أولادنا مثل: ماذا يجب علينا أن نقوله لننصح أولادنا وبناتنا؟ وكيف سنقوله؟ ومتى سنقوله؟ ينسى ويغفل العديد منا عن أهم عنصر في الموضوع وأهم عنصر في التربية ألا وهو الرسالة القوية التي يسلمها أولياء الأمور لأولادهم من خلال أفعالهم والتزامهم الشخصي بقيم الجنس الشريف وليس من خلال كلامهم وإرشادهم لهم. فما لم نبدأ شخصيّا بتطبيق قناعاتنا في الحياة، وما لم نطلب من أنفسنا الأشياء نفسها التي نطلبها من أولادنا، فإن جميع جهودنا المضنية المتعلقة بالنموذج الأخلاقي سوف تتهاوى نحو الحضيض.

أن ما مقبول عن البنية الأسرية اليوم قد يرضي البالغين في علاقتهم (على الأقل لفترة من الوقت). فلو لم يروا في حياتهم عندما كانوا أطفالا زواجا وفيّا ومستقرا، لما كان لهم أي أساس يبنون عليه التزاماتهم الحياتية عندما يتزوجون ويصبحون آباء، وربما قد لا يكونون على وعي بمدى تأثير زيغانهم الشخصي على أولادهم الذين يشتاقون إلى الاستقرار الأسري.

وتشير الإحصائيات منذ فترة طويلة ولحد الآن إلى أنّ مصير الزواج يكون على الأرجح إما الانفصال وإما الطلاق، لكن الانفصال والطلاق لم يكونا مطلقا الحدث القانوني الوحيد الذي تنتهي به الأمور، فهناك تبعات كثيرة أخرى. ولهذا السبب – ومهما كان «الطلاق ضروريا» – فإنه من المستحسن أن نتذكر كيف يبدو الطلاق في نظر الطفل، ولاسيما الطفل الذي يحسّ بأنّ الطلاق سيترك بصماته على نفسيته وعلى عواطفه طوال حياته.

ومع ذلك فإنّ إدانة الأزواج الذين يتعرضون للطلاق يُعتبر تصرفا قاسي القلب؛ مثلما تراه آن Anne، وهي صديقة إنكليزية، هجر والدها البيت عندما كانت طفلة صغيرة، فتقول: «يشعر الكبار باليأس في الأزمات، ويفعلون ما يجب عليهم القيام به.» ورغم أن صديقتنا آن تقرّ بأن الأطفال يقعون عادة تحت وطأة النتائج، إلّا أن الكبار يدفعون ثمنها كذلك. وتذكّرنا آن بأنه ليس من الضروري أن تكون نهاية كل قصة طلاق فيها آلام ومعاناة. فتحكي عن تجربتها الشخصية، وتقول:

كان لي أم رائعة، فقد ظلت وفيّة لي حتى من بعد أن قررتْ اختيار الطلاق (وهو الخيار الوحيد الذي رأته). فقد ضحّت بجميع أفراح الأمومة، واشتغلت دواما كاملا في سبيل دعم احتياجاتي، وإخلاصها هذا هو الذي سندني في حياتي وأنقذني.

فقد قدمتْ لي أعزّ سني عمرها – إحدى وعشرين سنة.

نعم، فالطلاق يطبع دائما بصماته الجارحة على كلا الزوجين، وإذا كان لديهما أولاد، فسيؤثر عليهما أكثر وأكثر. غير أنني أعلم من خلال ما مررتُ به، بأن قرار أمي في إعطاء الأولوية لاحتياجاتي قبل احتياجاتها، هو الذي أنقذني.

فقد أتاح لي الفرصة للشفاء. وما أزال «في طريق الشفاء،»
لكني اعلم بأن التئام شخصيتي والشفاء الكامل سوف يأتيان
لا محالة.

لحسن الحظ أن الأولاد لديهم ميزة المرونة وقابلية الشفاء السريع
مما يسببه لهم رياؤنا نحن الآباء من مشاكل وأضرار نفسية، فلولا
هذه الميزة لأصبحت التربية في نظر الآباء عملا كئيبا خاليا من أمل
الإصلاح. فمن خلال أمثلة كثيرة كقصة آن، يمكننا رؤية أنه مهما
بلغت درجة وقوع المرء في اليأس والحزن بسبب الأخطاء التربوية
الماضية إلا أنه من حقّ أي أب (أو أم) أن يتفاءل بالخير حتى لو كانوا
من أسوأ الآباء.

وقد كتب مرة مالكوم اكس Malcolm X (الشخصية الأمريكية
المسلمة المعروفة) فيما يخصّ مسألة إخفاقات الآباء، مذكرا إيانا
بمصادر ذلك الأمل، فقال:

يقدم الأطفال لنا – نحن الكبار – درسا يجب أن نتعلمه،
وهو: أننا يجب أن لا نخجل من الفشل، بل يجب أن ننهض
ونحاول مرة ثانية. فأغلبنا نحن الكبار خائفون وحذرون
جدا، و«مؤمِّنون» على أنفسنا كثيرا، فعليه ترانا منكمشين
كثيرا على نفوسنا ومقيَّدين وجامدين لا نتحرك ولا نبدع؛
ولهذا السبب يفشل العديد من الناس. وقد استسلم للفشل
معظم الكبار الذين ما يزالون في منتصف أعمارهم.[4]

وبالرغم من أنني أوجه دعوتي في هذا الفصل بالدرجة الرئيسية إلى
الأهالي من أجل الإخلاص والأمانة للرسالة التربوية وأيضا بالعمل

الفعلي الملموس، إلا أن تلك الرسالة لا تنتهي بركوب الطفل الحافلة المدرسية. فيجب على المعلمين أيضا أن يتحملوا مسؤولية التربية. ففي الواقع، يمكن للمعلمين في المدارس التحسس ورؤية نوعية وطبيعة الحياة البيتية لكل طفل عندما يأتي إلى المدرسة، سواء كانت تلك الحياة مستقرة أو متداعية، إذ يكون الأمر واضحا جدا على الطفل نفسه وعلى الفصول الدراسية كذلك. وفي كثير من الأحيان، وعندما يتقاذفنا - نحن المعلمين - الغضب والتمرد من التلاميذ، فعلينا أن نتذكر بأننا مجرد أدوات لتفريغ شحناتهم فينا مثل مانعة الصواعق، ولسنا الهدف بحد ذاته. فنحتاج إلى قدر كبير من طول الأناة وسعة الصدر من أجل تقديم المحبة لطفل فقَد صوابه بسبب ظروفه الصعبة الخارجة عن سيطرتنا.

وللتربوية ساندي ميلر Sandy Miller تأثير كبير في حياة العديد من الأولاد. وقد عرفتها وعملت معها لما يقرب من ثلاثة عقود. وهي متواضعة ومعسولة الكلام، وتُعتبر بطلة الأولاد لا سيما المضطربين منهم وذوي الأداء الدراسي الرديء، وتقضي عادة ساعات لتعمل مع الآباء والمعلمين لإيجاد طرق مبتكرة لمساعدة كل ولد. وبالرغم من الطعن والتشهير بها أحيانا على قناعاتها الراسخة، إلا أنها تَعتبر عملها كدعوة إلهية أكثر منها كوظيفة. وعندما سألتها كيف تساعد موظفيها على العمل مع الأولاد المُتعِبين، أجابت:

لقد اعتَدْتُ دائما على إخبار الموظفين بأن يتعاملوا بالأسلوب المناسب مع هؤلاء الأولاد الذين يعيشون حالة من الصدمة النفسية أو الفاجعة الاجتماعية. لأن شيئا حصل في حياتهم. فينبغي الأخذ بنظر الاعتبار خلفية هؤلاء الأولاد والواقع الذي عاشوه حيث رأوا فيه على الأرجح شيئا في حياتهم

ترك آثاره المدمرة عليهم. لقد شهدوا قسوة، جريمة، ضرب، وربما موت، فصُدِموا تبعا لذلك صدمة نفسية قوية بحيث لا يسعهم التعامل معها واحتوائها. فينبغي أن نولي اهتماما خاصا لمثل هؤلاء الأولاد. وهم بالحقيقة يصرخون طلبا للمساعدة - فهم يسيئون التصرف لأنهم لا يستطيعون التعبير عما مكبوت في داخلهم وما يشعرون به ويخافون منا. انهم يخافون حقا من هذه البيئة المنظمة والآمنة لأنهم لم يروا شيئا أفضل من بيئتهم. وأناشد جميع المعلمين في مدرستنا ما يلي: تعرّفوا على التلاميذ الجالسين أمامكم. ولا تحاولوا تعليمهم على الفور، إلا عندما تتفهّموا خلفياتهم، وما يحملون من أمتعة في حقائبهم النفسية. وحاولوا تفهُّم ما يؤذيهم حتى نتمكن من مساعدتهم على التعامل مع مشاكلهم والشفاء منها هنا، لأنه لو لم تساعدوهم أنتم، فمن سيساعدهم؟

هذا السؤال صعب حقا ويضعنا أمام التحديات والرهان: فلو لم نساعد أولادنا، فمن سيساعدهم؟ ويذكرني هذا الموضوع بكلمات اللاهوتي المسيحي رافي زاكارياس Ravi Zacharias، فيقول:

أن أكثر ما نحتاج إلى إدراكه اليوم هو ما يلي: لو لم يسمع أولادنا وشبابنا إلى صوتنا ونصائحنا، لسمعوا إلى صوت شخص آخر. فنرى اليوم غزارة الشوارع السريعة المتعددة الطوابق لعالمنا العصري التي تسري إلى داخل قلب الإنسان وإلى روحه بحيث يصعب مواجهتها لأنها تغزو الخيال وتحارب المنطق السليم وتشوّهه، وفي أعمار يكون شبابنا فيها غير حصينين

وأكثر عرضة للخطر. وكلما كانوا أصغر سنا وتعنّتوا صارت
عملية إنقاذهم أصعب. ولا تنتظروا حتى تصل أعمارهم
ستة عشر أو سبعة عشر، لكن ابدؤوا بتعليمهم وهم صغارا
على كيفية تنمية مداركهم. ومن الضروري أن نعلّمهم على
أن يكون لهم تفكير ناقد فهو أفضل هدية يمكننا تقديمها
لهم. ولا أقصد هنا التفكير الانتقادي، بل التفكير الذي يعلم
الإنسان على كيفية تقييم الحقيقة.[5]

أن هذه نقطة جوهرية. فلا يزال هناك شيء يدعى «حقيقة» في
عصرنا النسبوي الحالي كذلك، فالنسبوية Relativism هي إحدى
وجهات النظر الفلسفية التي تدّعي أن جميع القيم ومبادئ السلوك
أمر نسبي وليس له أي مرجعية مطلقة (إلهية) تقوم بتحديدها.
ويجب علينا أن نبدأ بأن نكون صريحين مع أنفسنا بشأن الانقسام
الموجود في داخل قلوبنا، وبشأن الفتور الذي يمنعنا من معالجة أية
مشكلة والتواجه معها تواجها مباشرا. بعدئذ، فمن الضروري أن
يتطابق كلامنا وأفعالنا مع مبادئنا. وينبغي أن لا نخجل من رأب
الصدع في قلوبنا حتى لو تطلب الأمر بعض التعب والجهاد الروحي.
فلو رأى الأولاد الصراع الروحي الذي نخوضه فسوف يرون أيضا
ثماره. وقد لا نحصل على شكر وثناء على جميع جهودنا. إلا أن
المجازاة ستأتي عندما ينهض أولادنا لمواجهة التحديات التي تجابههم
في حياتهم، ومن ثم يلتفتون وينظرون إلينا بكامل الاحترام والتفهُّم.

الفصل السابع

الإرشاد التنموي

قبل أن يكون لدي أطفال كان عندي ست نظريات حول تنشئتهم، والآن لدي ستة أطفال لكن بدون أية نظرية.

قَوْلٌ من جون ويلموت John Wilmot

شاعر إنكليزي وأحد رجال الحاشية الملكية لإنكلترا

أن كلمة تأديب على الأرجح هي أكثر كلمة يساء فهمها في مفردات كل من التربية والتعليم. فالتأديب ما هو سيطرة أو قمع أو إكراه. فهذه الأمور هي بالحقيقة عكس التأديب التربوي الحقيقي. فما التأديب إذن؟ إنه باختصار إرشاد الأطفال لاختيار الصح بدلا من الغلط. وقد يتضمن التأديب العقوبة، لكن ينبغي أن لا تشمل أبدا الوحشية أو العقوبة البدنية.

ويحتاج كل طفل إلى أن نرسم له حدودا للسلوكيات لكي لا يتخطاها، ويجب أن نعيد إرشاده إليها مرارا وتكرارا. وهذه مهمة تستحق الأتعاب، وسوف تكون النتيجة النهائية حصولنا على أشخاص بالغين وناضجين يعتمدون على أنفسهم. وقد قام التأديب على مر القرون بتشكيل أفضل العقول العلمية والدينية. أما في زماننا المعاصر فجاء دورنا لإرشاد الأطفال نحو الاتجاه نفسه.

أن التأديب التربوي الحقيقي عمل من أعمال المحبة، وليس من أعمال الغضب. إذ يأخذ بنظر الاعتبار نفسية الطفل واستعداده الداخلي. كما قال جدي: «يجب أن تعني التربية مساعدة الأولاد على أن يصبحوا وفقا لما يرتئيه فكر الله لهم.»

فهكذا ربانا والدينا، أنا وشقيقاتي، وأشكر الله على التأديب الذي تلقيته. فقد منحنا علاقة من المحبة والثقة المتبادلة فيما بيننا – نحن الأولاد ووالدينا – التي استمرت، دون انقطاع، إلى نهاية حياتهما. وبطبيعة الحال، كان التأديب قائما بدرجة كبيرة على الكثير من الإصلاح على الطراز القديم، بما في ذلك التوبيخ الأبوي بصوت عال إذا سمعنا بالصدفة نجاوب أمنا «بوقاحة.»

وكانت الشتائم والسخرية غير مقبولة في بيتنا. وكنا نحن – مثل بقية الأولاد والبنات – نسخر أحيانا من الكبار، خاصة إذا كان لديهم أوصاف تثير الانتباه، مثل جارنا نيكولاس Nicholas الذي كان يتلعثم في الكلام، أو جونتر Gunther الذي كان طويلا جدا ويعمل في مكتبة المدرسة. غير أنه حتى لو لم يكن هؤلاء الناس الذين كنا (نستهدفهم) يعرفون أيّ شيء عن هزؤنا وحيلنا التي كنا نقوم بها من وراء ظهورهم، إلا أنّ والدينا لم يوافقا على مزح كهذا. فلم يسمحا بأي تصرف فظّ.

ومع ذلك، فحتى لو كان الأمر يستحق العقاب، فكانوا عوضا عن ذلك يأخذوننا أحيانا بالأحضان. وحدث مرة عندما كنت في الثامنة من عمري أنني أغضبت أبي لدرجة أنه رأى لا خيار سوى أن يصفعني. وفيما أنا منتظر يده لتصفعني، رفعت بصري إليه، وقلت له دون أن أدري: «بابا، أنا آسف حقا. افعل ما ينبغي فعله – لكني أعرف أنك ما تزال تحبني.» ولدهشتي الكبيرة، انحنى أبي إليّ، وأخذني بالأحضان، وقال لي بلطف وحنان من أعماق قلبه: «كريستوف، أني

أسامحك.» فقد جرده اعتذاري بصورة كاملة من غضبه كله.

وبعدما أدركت بفضل هذا الحادث مدى حب والدي لي، بقي ذلك الحادث حيا في ذهني، وعلمني أيضا درسا لن أنساه أبدا في حياتي - درسا استخلصته وطبقته في التعامل مع أولادي لسنوات لاحقة، وهو: لا تخاف من أن تأدّب ابنك، لكن في اللحظة التي تشعر فيها أنه أخذ يتأسف على عمله، فلابد أن تسامحه كليّا على الفور. فيمكن للاحتضان المليء تسامح من قِبل الأب أو الأم أن يغيّر الأجواء تماما، لاسيما عندما يعرف الطفل أنه يستحق عقوبة. فمثلما هو الحال في الطبيعة عندما تخترق أشعة الشمس غيوم العاصفة وتتفتح السماء وتحلو الدنيا، فهكذا الحال عندما يعلم الطفل بأنه تمت مسامحته على إخفاقاته، فربما تكون هذه التجربة من أكثر التجارب المجزية في مرحلة الطفولة.

وعندما تقوم بتأديب الطفل، فلا تتسرع في اتخاذ الإجراءات، لأنها غالبا ما تؤدي لاحقا إلى أنك تتأسف وتتندم على ما قمت به. فيستحق الأمر أن تتريث لتفكر؛ فهناك الكثير من الأشياء على المحك، وقد تتعرض إلى الأذية. فاسأل نفسك كيف بإمكانك أن تلمس قلب الطفل وتتكلم إليه ليرى خطأه من دون تجريح. فلو حققت ذلك لربحت المعركة وحصدت ثمارا كثيرة. وتعبّر عن ذلك تعبيرا جيدا المستشارة الأسرية والكاتبة دوروثي لو نولتيه Dorothy Law Nolte، فتقول:

لو عاش الأطفال مع الانتقادات، لتعلموا الإدانة. ولو عاش الأطفال مع العداء، لتعلموا القتال. ولو عاش الأطفال مع السخرية، لصار طبعهم خجولا. ولو عاش الأطفال مع العار، لتعلموا الشعور بالذنب. ولو عاش الأطفال مع التشجيع،

لتعلموا الثقة بالنفس. ولو عاش الأطفال مع التسامح، لتعلموا التحلي بالصبر. ولو عاش الأطفال مع الثناء، لتعلموا التقدير. ولو عاش الأطفال مع القبول، لتعلموا المحبة. ولو عاش الأطفال مع الإشادة، لتعلموا محبة نفسهم. ولو عاش الأطفال مع الإخلاص، لتعلموا الصدق. ولو عاش الأطفال مع الأمان، لتعلموا أن يكون لهم ثقة في أنفسهم وفي الآخرين. ولو عاش الأطفال مع الطيبة، لتعلموا أن العالم يمكن أن يكون مكانا طيّبا.[1]

أنا متردد، في هذه الصفحات، في تقديم المشورة للقراء والإملاء عليهم بكيفية توجيه الطفل واستعمال التأديب التربوي داخل البيت بأساليب محددة؛ لأن الأمر يتوقف في النهاية على أنّ كل طفل له مجموعة مميزة من نقاط القوة والضعف والوعود والتحديات، مثلما الحال مع أي والد أو والدة. وربما من الأفضل إتباع حكمة جينوس كورجاك Janusz Korczak، وهو طبيب أطفال رائع، سأروي تفاصيل قصته لاحقا في هذا الفصل. فيكتب ما يلي:

أنت بنفسك هو الطفل الذي يجب عليك التعرّف عليه، والقيام برعايته، وفوق كل شيء تنويره. ولو طلبتَ من الآخرين تقديم أجوبة جاهزة لأسئلتك وتنويرك لأصبح الأمر مشابها لامرأة غريبة تخوض آلام الولادة عوضا عنك لتلد طفلك. فهناك معرفة لا يمكن أن تولد إلا من خلال آلامك الشخصية، وهي أثمن من كل شيء. فابحث في طفلك عن الجزء غير المكتشف من نفسك.[2]

عند الحديث عن «المعرفة المولودة من الألم،» فقد اكتسبت أنا وزوجتي العديد من هذه التجارب المؤلمة خلال تربية أولادنا الثمانية. فيمكننا القول كما يقول معظم الآباء على الأرجح أنه لو أتيحت الفرصة لنا لإعادة التربية من جديد لكنا تصرفنا بشكل مختلف تماما. لأننا كنا أحيانا نظلم أولادنا ونشكِّك في دوافع بعض الأفعال التي كانوا يقومون بها؛ وفي أحيانٍ أخرى، كنا لا ندري ماذا يحصل معهم؛ فكنا تارة متساهلين جدا، وتارة صارمين جدا. غير أننا وعلى الرغم من ذلك قد تعلمنا بالتأكيد العديد من الدروس الأساسية.

وقد يكون الأطفال عنيدين ومتصلبي الرأي بشكل أكثر مما نتصوره، مثلما يعرف ذلك كل من له طفل بعمر سنتين. فقيامنا بأية محاولة لمقاومته بحزم وثبات تثير غالبا سخطه واهتياجه. ثم إن ترك الأمور تجري على هواها أسهل بالنسبة إلينا من مواجهتها. غير أن كل من يفضّل الحلّ المريح على جهود المطالبة بالطاعة سوف يرى على المدى البعيد أن المشكلة تكبر أكثر وأكثر.

ولنتأمّل قصة ذاك الجنرال البريطاني الذي استمر بمحاولاته لعدة مرات ليجعل حصانه يسير عبر منعطف الطريق، إلى أن استدار فرسه العنيد وسمع كلام الجنرال وسار بالطريق التي علمه إياها. وبعد المحاولة رقم 19 وبعد أن نجح الجنرال أخيرا في توجيه حصانه للسير كما أراد قال ما يلي: «لا تستسلم أبدا حتى تفوز في المعركة.» وبالرغم من أن مثل هذا العمل يهيّج الأعصاب، لكنه يحتوي على عبرة هامة جدا لكل والد ولكل والدة.

أن المثابرة هي من أعظم الهدايا التي بوسعنا تقديمها لأطفالنا. فسوف يتحسسون بها ويلمسونها من خلالنا حينما نقوم بمساعدتهم على تعلّم الاستماع واتباع الإرشادات، والاستمرار بالمحاولة عندما تكون النتائج غير مرضية. وبهذه الطريقة العملية يمكننا تقديم لهم

نموذج عن قوة الإرادة، وهي سمة نحتاجها في عالم اليوم للنجاح في الحياة. أما الشباب المراهقون الذين لم يكتسبوا هذا الحافز فإنهم في خطر كبير عندما يحين وقتهم للخروج ومحاولة شيء جديد في حياتهم معتمدين على نفسهم.

وفي أثناء تربيتنا لأولادنا، تعلمنا أيضا قيمة غرس الصدق في نفوسهم منذ نعومة أظفارهم. فلو أدرك الولد ارتكابه للخطأ، وما كانت هناك عواقب مترتبة على ذلك، لاكتشف أنه من الممكن اقتراف ذلك الخطأ والإفلات من العقاب. فما أفظع ذلك عندما يتلقى الطفل مثل تلك الرسالة. فعندما يكونون صغارا، فقد تبدو المسألة غير مهمة والسيئة صغيرة، لكن يمكن أن يكون لها تداعيات في المستقبل البعيد. فمن السهل علينا التغاضي عن العبرة الموجودة في القول المأثور الآتي: «أطفال صغار مشاكل صغيرة، أطفال كبار مشاكل كبيرة،» إلا أن هذا القول يتضمن حقيقة هامة. فالطفل الصغير في السادسة من عمره يمكن أن يأخذ خلسة قطعة من الكعك، لكن في السادسة عشرة يمكن أن يسرق من الحوانيت أو يدمن على الكحول. وبالرغم من أن إرشاد الطفل الصغير سهل نسبيا، إلّا أن إرجاع الأولاد المراهقين المتمردين إلى جادة الصواب ليس ممكنا إلّا ببذل أكبر الجهود المضنية والشاقة جدا.

وعلى الرغم من حاجتنا إلى ممارسة أسلوب تحمّل الطفل عواقب أفعاله في التربية، إلا أنه ليس كافيا في حد ذاته. فالتأديب يتطلب أكثر من مجرد اصطياد الطفل متلبسا بالجريمة ومعاقبته عليها – إذا جاز التعبير. فالأهم من كل شيء هو تغذية وتنمية نواياه لعمل الخير، ويعني ذلك مساندته عندما يقوم باختيار الصح بدل الخطأ – أو كما اعتادت أمي أن تقول: «كسبه للخير.» وبطبيعة الحال أن مثل هذا الدعم في سبيل الخير لا يُعتبر شكلا من أشكال التأثير على الولد أو

اِستمالته أو تحويل قناعاته؛ فلا يمكن أبدا أن يكون هدف التربية مجرد لتعويدهم على الطاعة، بل يجب أن يكون دائما لمساعدتهم على بناء ثقة بالنفس التي بدورها تمكنهم من استكشاف الحياة من جهة، ومعرفة حدود السلوك التي يجب احترامها، من جهة أخرى. فهذا أحسن إعداد لسن الرشد.

وسُئِلَ مرة الكاتب أنتوني بلوم Anthony Bloom في إحدى المقابلات عن أفضل شيء تعلّمه في نشأته بحيث أفاده عندما صار رجلا. فأجاب إجابة بسيطة وقال:

هناك شيئان قالهما لي أبي وأعجبت واحتفظت بهما طوال حياتي. أتذكر انه قال لي مرة في نهاية إحدى العطل: «لقد شعرت بالقلق عليك.» فقلت له: «هل كنت تظن بأني كنت سأتعرض لحادث.» فقال: «إن ذلك لا يعني الشيء الكثير بالنسبة إليّ . . . . كنت أخاف أن تفقد نزاهتك.» وقال لي في مناسبة أخرى: «تذكر دائما، سواء كنت حيا أو ميتا، إن ذلك لا يعني الشيء الكثير. إن ما يهم هو ما تعيش من أجله، وأن تكون على استعداد للموت من أجله.» فهذان الأمران كانا الخلفية التي تمت فيها تربيتي.[3]

كان أنتوني بلوم محظوظا بوالد كهذا الذي ألهمه بالنزاهة بدلا من محاولة تعليمه إياها نظريا، وهذا فارق هام. لأننا في بعض الأحيان لا نثق في الطفل، أو في أحيان أخرى نشكك في نواياه، الأمر الذي يمكن بدوره أن يضعفه وذلك بجعله يشك بنفسه. أما انتقاد الطفل باستمرار وتصحيحه فسيؤديان إلى إضعاف عزيمته كذلك. وأسوأ ما في الأمر، أنّ هذه الأمور ستهدم الأساس الذي يبني الطفل عليه ثقته

بك كوالد أو كوالدة، وهذا الأساس هو: استئمانه ووثوقه فيك بأنك تفهمه وتسامحه، وتعطيه فرصة جديدة وبداية جديدة.

وفي حال رأى الأهل أن طفلهما صار غير صادق وأخذ يكذب، فمن الضروري طبعا هنا معرفة وقائع ما حدث ومن ثم تشجيع الطفل على مواجهتها. أما التحقيق في دوافع الطفل فنادرا ما يكون سليما، ومن الخطأ أيضا إكراه الطفل على الاعتراف. فقد يؤدي الأمر في النهاية إلى الإحراج والخجل الذي يدفع به إلى التملص من الأمر من خلال الاعتراف بنصف الحقيقة، وإذا تم الضغط عليه أكثر، فقد يشعر بالخوف من العواقب مما يدفعه إلى الكذب على الفور. ألا يفعل ذلك الكبار أيضا للأسباب نفسها؟

وبطبيعة الحال، لا يوجد طفل لا يحتاج إلى تصحيح بين حين وآخر، لكن لو كان ردّنا قوي زيادة عن اللزوم، لطغى التأديب نفسه في هذه الحالة على الهدف المرجو منه ألا وهو مساعدة الطفل لصنع بداية جديدة. فمن الأفضل أن تعطي الطفل فرصة جديدة.

مما لا ريب فيه، يتطلب الأمر منك صبرا وجهودا مضاعفة عندما تصير صديقا ورفيقا لولدك بالإضافة إلى القيام بدورك كوالد أو كوالدة. إلا أننا نحصل بمقابل ذلك على بعض الأشياء التي تفرِّح الفؤاد، مثلما يبيّن ذلك ديل Dale - وهو محام ترك عمله لكي يتفرّغ لأولاده ويلعب دوره الأبوي بشكل أفضل، فيقول:

عندما أفكر في الموضوع أرى أنّ الحياة مع أولاد يخافون مني أسهل بكثير من الحياة مع أولاد يحبونني، لأنه عندما يخافون مني أولادي، سينصرفون عندما أجيء إلى البيت. فسيتفرقون. وسيذهب كل منهم إلى غرفته ويغلق بابه، وسأعمل على تسهيل ذلك بتكديس أجهزة الحاسوب

والتلفزيون والستيريو وما إلى ذلك في غرفهم. غير أنه لو كان لديك أولاد يحبونك، فلن يتركونك بسلام! فتراهم يتعلقون برجليك، ويجرّون ببنطلونك، ويريدون منك انتباهك لهم عندما تصل البيت. وعندما تجلس تراهم كلهم محاطين بك وجالسين في حضنك. فتصبح وكأنك جِمنازيوم متحرك يلهو به الأولاد في الحدائق. كما ستشعر بأنه أنت أيضا محبوب.

هناك صفة مهمة أخرى يجب أن يتحلى بها الوالدان ألا وهي قبولهما بأن يكونا ضعيفين ولا يخجلان من ضعفهما أمام أولادهما. ففي بعض التجارب التي قد مررنا بها أنا وزوجتي عندما كان ردّ فعلنا على أولادنا شديد أكثر من اللزوم وعندما اعتذرنا منهم بعد انتباهنا على الأمر رأينا بأنّ علاقتنا معهم قد تقرَّبت أكثر. فينبغي أن يكون لكل يوم بداية جديدة، ويُغفر كليّا لليوم الذي مضى. وينبغي أن نجعلهم دائما يشعرون باليقين بأننا على استعداد للوقوف بجانبهم - ولا نحوم بعصبية فوقهم - بل في صفهم، ومهما كانت الظروف التي يمرون بها.

ومن الواضح أن كل عائلة تمرّ بأوقات من النجاح والإخفاق، وبأوقات عصيبة، وبمآسي محرجة. ولا توجد هناك علاقة ذات تعقيدات عاطفية ونفسية أكثر من علاقة الوالد (أو الوالدة) بولده. غير أنه، وفي الوقت نفسه، لا يوجد أجمل من تلك العلاقة. فهذا ما نحتاج إلى التمسك به ليشجعنا كلما وصلنا إلى طريق مسدود. وكما يقول عالم النفس تيودور ريك Theodor Reik: «تخذلنا العلاقات العاطفية وهكذا تفعل الصداقات، لكن العلاقة بين الوالد (أو الوالدة) والطفل، أهدأ من غيرها من العلاقات، ولا يمكن محوها وإلغائها، فهي أقوى علاقة على وجه الأرض.»

والعلاقة الثانية التي تأتي بعدها التي غالبا ما يكون لها تأثير كبير جدا هي علاقة المعلم والطفل. وأرى دائما أن المعلمين لديهم أصعب وأكثر عمل يمكن مجازاته على هذا الكوكب، وعلى حد تعبير عالم النفس السويسري كارل يونغ Carl Jung، مؤسس علم النفس التحليلي، فقال ما يلي:

يتذكر المرء معلميه الرائعين بكامل التقدير، بل بامتنان أيضا لأولئك الذين أثروا في مشاعرنا البشرية. ولا ننكر أن المنهج المدرسي يُعتبر من المستلزمات الرئيسية الضرورية جدا في التعليم، لكن كما أن الدفء عنصر حيوي لنمو النبات في المناطق الباردة، فهكذا الحال مع تنمية روح الطفل، فهو بحاجة إلى دفء المحبة.

لم يسبق لي أن ألتقي مع شخص ما لم يكن لديه قصة يرويها عن معلم أثّر في حياته أو حياتها تأثيرا قويا. فقد أخبرتني مورين Maureen، وهي أم لثلاثة أطفال وتعمل كمحرّرة صحفية، بأنها تعتبر السنة التي قضتها في الصف الثاني الابتدائي بمثابة مرساة لحياتها، فتقول:

كنا في المدرسة كقطيع هائج من الحيوانات في صفنا بحيث لم يتمكن أي معلم من السيطرة عليه. فتم استدعاء المعلم الشبه متقاعد وفي الستينيات من عمره واسمه ريتشارد ويرهم Richard Wareham في محاولة لرؤية ما باستطاعته عمله لإنقاذ الموقف.
وعندما حاول صفنا الاحتيال على هذا الرجل الكبير السِّنّ، تمكن من كبح جماحنا بسرعة. وما فعله لم يكن

من خلال رفع صوته علينا أو إرسالنا إلى مدير المدرسة. فتمكن من حلّ المشكلة من زاوية غير متوقعة. فلو تعارك طفلان، لأسند لهما مهمة تنظيف زجاج أحد نوافذ المدرسة، أحدهما في الداخل والآخر في الخارج. وفي خلال لحظات وبينما كانا هذان التلميذان عدوين في السابق ويبحلق أحدهما على الآخر بشراسة عندما يمر أحدهما من جانب الآخر، صار أحدهما يضحك مع الآخر بسذاجة ويمزحان بتحريك الممسحة بذات الحركة الدائرية عندما كانا ينظفان زجاج النافذة.

ولو كان هناك دوي لتمرد أو عصيان في الصف، لاستبق ريتشارد الأحداث وحَسَمَها وذلك عن طريق رمي منديله الكبير المزركش في الهواء. وفيما هو في الهواء، كان لنا أن ننفجر في صيحة جماعية للصف. وفي اللحظة التي كان منديله يلمس الأرض وجب أن يسود صمت مطبق. أما لو كان هناك من لا يقدر أو لا يرغب في إيقاف الضوضاء لوجد نفسه خارج الصف في حديقة المدرسة لتنظيفها وذلك بقلع نباتات زهر الهندباء البرية. وكان للمعلم تقنيات أخرى للتقليل من الضغط مثل رياضة الاسترشاد بالخرائط والبوصلة والقيام بفعالية مراقبة الطيور البرية لمشاهدتها ودراستها في بيئتها الطبيعية، وبناء بيت من العيدان وأغصان الأشجار، وعمل مسار لسباق فيه شتى أنواع الموانع.

إلا أن أعظم إرث خلّفه ورائه كان حبه واحترامه لكل طفل. وحدث ذات مرة أنه وبخني بشدة على مزحة لم أرتكبها (وهذا ليس من عادتي لأنني كنت دائما أمزح). فغضبتُ وبكيت بسبب زعمه هذا. فاستمع إلى جانب

> القصة التي حكيتها له، واعتذر عن خطأه، وأشار إلى أنه غالبا ما قد يسيء الناس في الحياة فهمك أو ينتقدون أفعالك. وأضاف قائلا: «فلو حصل ذلك بالخطأ، فلا تنفجري عليهم. فتحمّلي واصبري واستمري في فعل ما هو صائب. وبيّني لغيرك أفعالك الصائبة، من غير التحدّث بها.» وكنت حينها في السابعة من عمري، لكني لم أنساها مطلقا.

لقد كان ريتشارد ويرهم أكثر من معلم، فكان أيضا مرشدا لتعليم الطلاب الذين يدرسون في كلية التربية ليصبحوا معلمين بالإضافة إلى أنه كان مستشارا للآباء والأمهات. وبينما كان يصارع مرض السرطان، أخذ ما يحتاجه من الوقت لكتابة بعض اكتشافاته التعليمية الأساسية، التي صار يتداولها منذ ذلك الوقت العديد من الأسر والفصول الدراسية. فكتب ما يلي:

> يجب تعليم كل طفل، في البيت وفي المدرسة، بعض القيم البسيطة التي من شأنها أن تساعده طوال حياته. ولا يمكن استبدال هذه القيم أو الاستعاضة عنها ببرامج متقدمة أو بتعزيزات إيجابية مثل رحلات متميزة أو بتقديم فعاليات ترفيهية أو بالمكافآت. ثم إننا لا يمكننا أن نتوقع ظهور هذه القيم فجأة من فراغ عندما يصل الطفل الدراسة الثانوية. أن فرصتنا لتعليم هذه القيم متاحة في البيت وفي الروضة وفي المدرسة في كل يوم، وفي كل حالة - ولا توجد حالتان متماثلتان.
>
> **كَلاَّ**. كلمة واضحة وحازمة وبدون خيار «كَلاَّ.» ولكي يتعرف الطفل على قيمة «كَلاَّ» عليه أن يعرف أنها تعني لا

جدال ولا تذمُّر ولا بدائل ولا كلام فارغ. فعندما يُقال «كَلَّا» فهذا هو المقصود!

تعال. تمثل هذه الكلمة نقطة البداية في نظري. فكلمة «تعال» يجب أن تعني «تعال،» وإلا فلا يمكننا فعل شيء حتى التجمُّع. فلو لم يكن هناك تجمُّع فسوف يفعل الأطفال بسرعة ما يحلو لهم وخلق حالة من الفوضى والارتباك على الفور. أما الاختبارات التي نكون كلنا متجمعين فيها فيجري مقاسمتها وتثمينها من قِبل الجميع.

إستمع. الانتباه الكامل بركة متميزة. فلو افترض الطفل بأن من حقه أن يميل عنك ويصمّ أذنيه ويوجه موجته إلى قناة أخرى كيفما يشاء، فاعلم بأن الفجوة بين الأجيال وبناء الحواجز بينك وبينه قد بدأت تترسخ سلفا في نفسيّة الطفل، وينبغي في هذه الحالة أن تعمل جاهدا من جديد لكي تفوز ثانية بعلاقتك معه، تلك العلاقة الحميمة من القلب إلى القلب. فلا تتكلم إلا عندما يكون هناك استماع.

هدوء. يفرح قلبي كثيرا لسماع ثلاثة عشر طفلا يتحدثون كلهم في بعض الأحيان في آن واحد. وبوسع المعلم أو الوالد أو الوالدة أن يتعلم الكثير من المواضيع المتعددة التي يطرحها الأطفال في آن واحد! غير أن الأطفال يحتاجون كثيرا إلى شيء مهم جدا وهو أن يقضوا أوقاتا من الهدوء، وأن يختبروا الاستمتاع الناجم عن الانهماك بهدوء في إداء عمل ما بمفردهم. ولهذا الأمر أهمية خاصة وفائدة بالنسبة إلى الطفل الحَرِك جدا الذي تستفحل حركته شيئا فشيئا لغاية فقدانه السيطرة على إيقافها، إلى درجة أن لا شيء يمكن إثارة اهتمامه بعد.

إنتظر. هناك انتظار كثير في الحياة، فأحيانا يكون انتظارا قصيرا، وأحيانا طويلا جدا. فما لم نساعد أولادنا على أن يتعودوا على الانتظار بكامل الهدوء والسلام فسوف يتعلمون على الضجر وعدم الصبر.

العناية. يجب علينا مساعدة الأطفال على أن يتعلموا أن يكونوا مسؤولين في كل ما يفعلونه. ويشمل هذا العناية بالعمل وباللعب وبالمعدات وبالملابس وبالعلاقات مع الآخرين وبالاحترام وبأمور أخرى أكثر من ذلك بكثير. ولنعلم بأنه من الممكن جدا أن نتوقع المسؤولية منهم وسوف يستجيبون لنا.

تحتوي قائمة ريتشارد القصيرة في نظري على الكثير من الحكمة. فقد ألهمه احترامه لروح الطفولة بأن يسعى إلى الأفضل لكل طفل يُعهد إليه، لذلك أصبح تعليمه ميراثا لمستقبلهم. غير أن مواجهة المعلم لتلاميذ متمردين ومضطربين نفسيا تُعتبر بالتأكيد مهمة صعبة للغاية. وبالرغم من ذلك فأن خدمتنا التربوية لهم بمثابة مؤشر أو علامة مرورية لإرشادهم للسير إلى الأمام، في طريق قد لا يصادفون فيه الكثير من الإرشادات الجديرة بالثقة.

يبدو في كثير من الأحيان أن كل يوم يجلب معه خبرا جديدا في وسائل الإعلام يكشف عن ارتياب مجتمعنا من الأطفال وشكوكه فيهم وعدم احترامه لهم. غير أن الأمر ملقى على مسؤولية المعلمين ليقرّروا التمسك بالمشاعر وبالرحمة في مواجهة هذه الإجراءات المرتابة بحقّ الأطفال المولودة من الخوف. ونشرت صحيفة نيويورك تايمز، في الآونة الأخيرة، افتتاحية بعنوان: «لا أمل في طفل بأربع سنوات» فجاء فيها ما يلي:

صدر تقرير جديد عن مكتب الحقوق المدنية التابع لوزارة التربية والتعليم الأمريكية، فيه دراسة عن الممارسات التأديبية في المدارس العامة في البلاد البالغ عددها 97000 مدرسة حيث يبيّن أن استخدام أسلوب العقاب بشكل مفرط يحصل في كل مرحلة من مراحل نظام التعليم الحكومي – حتى مع الذين تتراوح أعمارهم أربع سنوات في مرحلة الدراسة التمهيدية. ويجب أن يُخجِل هذا الأمر الأمة ويجبرها على إعادة تقييم الإجراءات الهدّامة التي تستخدمها المدارس بحقّ أطفالهم الضعفاء والأكثر عرضة للخطر.

فأن معدل فصل الطلاب السود من المدارس، على سبيل المثال، أكثر بثلاثة أضعاف من معدل فصل الطلاب البيض. أما أحوال أطفال الأقليات المعاقين فهي أسوأ من الجميع؛ فلو كان الطفل من الأقليات العرقية ومعاقا أيضا لرأينا الإحصائيات تسوء كثيرا. . . . .

هذا وأن فصل أو طرد أطفال الأقليات في سن الرابعة وبشكل مفرط هو بحد ذاته عمل شائن يثير الغضب. ويشير النهج الذي يتبعونه في عملية الإقصاء إلى أن المدارس تفقد أملها في تربية هؤلاء الأطفال وهم في عمر لم يكادوا ترك استعمال الحفاظات. وهذا يتعارض مع جوهر رسالة التعليم التمهيدي. . . . ويسيء هذا النهج إلى مشاعر الأطفال عند سنّ يكونون فيه غير قادرين على استيعاب الدروس والعبر من هذا النوع من العقاب. ثم إنه يضع هؤلاء الأطفال في موقف يصبحون فيه أكثر عرضة لخطر التخلّف، أو التوقف عن الذهاب إلى المدرسة، أو التورط بشكل دائم في نظام محاكم الأحداث.[4]

ما أفظع أن يجري فرز الأطفال من كافة الأعمار بسبب عِرقهم أو إعاقتهم! فبالعكس، فيجب أن تثير ظروفهم المعيشية المزرية وأيضا عمرهم اليافع المزيد من الرعاية والصبر في داخلنا. وعادة ما كانت معالجة المشاكل السلوكية سابقا من مسؤولية المعلمين والمرشدين التربويين، أما الآن فيتعامل رجال القانون والشرطة معها في بعض المدارس. ويجري فصل الأطفال الصغار أو إخراجهم عنوة من مجمع مباني المدرسة لمجرد صدور نوبة غضب منهم، أو لكونهم يصعب السيطرة عليهم. فهذا هو الآخر اعتداء صارخ على الطفولة.

فهل يجوز أن يكون لطفل بعمر أربع سنوات بطاقة قسيمة السوابق وتلحقه طوال سنوات مدرسته، لتخبره بأنه جانح لغاية أن يصير فعلا جانحا في النهاية؟ والكثير من شباب بلادنا وراء القضبان لأن أولئك الذين كان ينبغي أن يهتموا بهم يئسوا منهم بسرعة. فماذا نقول عن مجتمع يراهن فيه أصحاب القرار السياسي على فشل الجيل القادم، وليس هناك من يحتج على ذلك؟ وماذا تعكس الطريقة التي ننظر بها إلى الأطفال، عندما نسمح لحراس مستقبلهم أن يطردوهم قبل أن يعرفوا كيف يكتبون أسمائهم؟

ومن الواضح أن مناقشة موسعة لهذه المسائل المهمة أكبر من نطاق هذا الكتاب. غير أنه من المؤكد أن الوعي هو الخطوة الأولى، والمجاهرة على صعيد الميدان العام هي خطوة ثانية. ولا يمكن عكس هذه التوجهات التربوية الهدامة إلا من خلال التحرّك على صعيد القاعدة من معلمين وأهالي.

لقد ذكرتُ سابقا في هذا الفصل جينوس كورجاك Janusz Korczak، الذي يجري تكريم كتاباته عن الأطفال في جميع أنحاء أوروبا. وكان جينوس معلم يهودي بولندي، ومؤلف كتب عن الأطفال، وطبيب كسب لقب «ملك الأطفال» لأنه عُرِف بنكرانه

للذات وبالتفاني من أجل اليتامى في الأحياء اليهودية الفقيرة لمدينة وارسو - العاصمة البولندية. ولم يكلّ جينوس أو يملّ على الإطلاق من تذكير الناس بما يشعر فيه الطفل في عالم الكبار، أو من التشديد على أهمية تربية الأطفال من «القلب» وليس من «العقل.»

وأن تركيز جينوس على ما يسميه «الوقوف إلى جانب الطفل» لم يكن مجرد مبدأ آمن به. ففي السادس من شهر أغسطس/آب عام 1942م عندما تم جمع مئتي طفل يتيم كانوا تحت رعايته، وجرى تحميلهم في القطارات من قِبل السلطات في اتجاه غرف الغاز في معسكر الإعدام تريبلِنكا Treblinka في بولندا التي كانت تحت الاحتلال الألماني النازي آنذاك، رفض جينوس عرض الدقيقة الأخيرة من أصدقاء غير يهوديين، رتبوا له طريقة ليهرب فيها، واختار بدلا من ذلك مصاحبة الأطفال في الرحلة البشعة التي قادتهم نحو الموت.

وليس هناك الكثير من قصص التفاني المؤثرة التي تهزّ ضمائرنا مثل قصة جينوس كورجاك. وربما بسبب اختلاف ظروفنا، لكن رغم المسافة الزمنية بين عصره وعصرنا، فإنّ العديد من الأطفال في العالم اليوم يعانون من عدم وجود شخص وصي عليهم مثل جينوس كورجاك - أي بمعنى شخص بالغ يأخذهم بيدهم، ويبقى معهم في جميع الظروف. وهكذا الأمر بالنسبة إلينا الذين نعيش في زمن يتسم نسبيا بالسلام والازدهار، فإنّ كلمات جينوس الأخيرة التي تم تدوينها عند إرسالهم إلى معسكرات الموت، لا تذكرنا ببطولته فحسب بل حتى تمثل تحديا لكل واحد منا، من الذين قاموا بتربية طفل أو يأملون بتربية طفل، فقال في كلماته الأخيرة ما يلي: «مثلما أنك لا تترك الأطفال المرضى وحدهم في الليل، فهكذا سوف لا تتركهم في وقت عصيب كهذا.»

الفصل الثامن

الإشادة بالأطفال المُتْعِبين

يبكي الطفل الذي ضيّع طريقه لكن مع ذلك
يبقى يستمتع باصطياد الذباب المضيء.

قول من الشاعر يوشيدا رايوسُوي Yoshida Ryusui

شاعر ياباني شهير عاش في القرن الثامن عشر

في حضارة تعجُّ بفرص التنافس بغزارة، أصبح من السهل أن نجد بين الشباب المراهق نجوما في موسيقى البوب، وأولادا يتميزون ببراعتهم الأكاديمية، وشبابا يافعا يشغلون مناصب مدراء تنفيذيين كبار.

إلا أن هناك قصصا أخرى لا ترد دائما في الأخبار. إنها قصص أولئك الأولاد الذين تعوّق نموهم وتركوا مدارسهم وصاروا أولادا جانحين. وهناك معاناة صامتة لكل ولد بدين أو غريب الأطوار أو بطيء. وهناك وباء الحركة المفرطة للأطفال، والأطفال المُعالَجون بالأدوية، والأطفال المكتئبون. ويفتقر العديد من الأطفال إلى الأمل، وليس بالضرورة بسبب وجود أي غلط فيهم، وإنما ببساطة لأن الناس جعلوهم يشعرون بأنهم خاسرون.

ولم تكن الطفولة سابقا بمثل هذه الرحلة المغمومة وبمثل هذا الشعور بالوحدة مثلما نراها اليوم بالنسبة إلى الكثيرين. ويكاد المرء

يقول أن الطفولة بحد ذاتها صار يُنظر إليها في يومنا الحاضر كمرحلة مشكوك فيها من مراحل نمو الإنسان. أما الأطفال فصار يُلقى باللوم عليهم بجميع أعمارهم، سواء كان ذلك في ملاعب الحدائق أو في الصف، لمجرد أنهم يتصرفون كما ينبغي للأطفال أن يتصرفوا. وبسبب تشخيص ميزات الطفولة العادية على أنها مصحوبة بالـ «مشاكل» – كالاندفاع والحيوية والعفوية والجرأة – نرى أن الملايين من الأطفال يجري تشخيصهم على أنهم حَرِكين زيادة عن اللزوم، وبالتالي يعطونهم العقاقير لتهدئتهم من أجل حملهم على الإذعان والطاعة. وأشير هنا بطبيعة الحال إلى الاستخدام الواسع الانتشار لحبوب الريتالين Ritalin وغيرها من العقاقير المماثلة، والى اِنبهار الناس وهوسهم باستخدام الأدوية كوسيلة لحلّ أي مشكلة بل لحلّ جميع المشاكل.

وما الريتالين سوى دواء واحد من بين العديد من الأدوية المستخدمة حاليا للسيطرة على الأطفال وإيقاف اندفاعهم، فهناك عقاقير أخرى يجري وصفها للأطفال أيضا لكنها مثيرة للقلق بالدرجة نفسها كما لدواء الريتالين (حتى أنها أكثر سُمِّيَّة منه)، مثل: عقاقير مضادة للاكتئاب Antidepressants، وعقاقير مثبتات المزاج النفسي Mood stabilizers، وعقاقير مضادات الذهان Antipsychotics المهدئة للأعصاب.

والأدوية التي تُعطى بتذكرة طبية قد تكون مناسبة لبعض الحالات المرضية المعينة، لكن لو أخذنا بنظر الاعتبار الانفجار الحاصل في مجال التشخيص الطبي لوجب أن يتساءل المرء فيما إذا لم يتمّ الإفراط في استعماله. (إذ يشكل سكان الولايات المتحدة خمسة في المئة من سكان العالم، إلا أنهم يستهلكون خمسة وثمانين في المئة من استخدام العالم لدواء الريتالين.)[1] ويتلقى الكثير من الأطفال هذا

الدواء كخيار أول، بدلا من أن يكون الملاذ الأخير. ومتى ما استعملوه فغالبا ما يستمرون في استعماله. وعندما يحصل الأطفال على مثل هذه الأدوية التي يصفها لهم الطبيب، تراهم يصبحون عرضة لخطر الإدمان عليه طوال حياتهم. وبالإضافة إلى ذلك، تطلب العديد من المدارس إعداد فحوص طبية للكشف عن المرض النفسي المسمى اضطراب نقص الانتباه مع فرط النشاط Attention-deficit hyperactivity disorder والذي يُرمز له بالتسمية المختصرة ADHD لدى الأطفال والمراهقين، وبذلك فهم يفتحون بابا جديدا للمزيد من مبيعات العقاقير.

ويؤكد النقاد أمثال بيتر بريجن Peter Breggin على أن مرض ADHD هو في كثير من الأحيان مجرد ردّ فعل تلقائي من الأولاد كوسيلة دفاعية ضد تعسُّف النظام المدرسي المنظّم زيادة عن اللزوم الذي يقيّدهم ويضيق الخناق عليهم - وهو ردّ فعل طبيعي كان يسمى سابقا فشة خلق أو تصريف طاقة أو تنفيس - والاحتمال الثاني قد يكون أعراض ناتجة عن حاجات نفسية في داخل الطفل لم يتم معالجتها. ويكتب بيتر بريجن الذي هو أخصائي في طب الأطفال ما يلي:

يدعو الناس الأدوية مثل الريتالين هدية من السماء، لأنها تعالج المشكلات النفسية والسلوكية . . . . لكني أرى أن الإفراط الحاصل في استعماله مروِّع حقا. وعندما سألني المعهد الوطني للصحة أن أكون أحد الخبراء المتحدثين حول آثار هذه الأدوية في أحد المؤتمرات التي تم تنظيمها، قمت بقراءة معظم المراجع الهامة، ووجدتُ أن هذا الدواء عندما يعطى للحيوانات، فإنها تتوقف عن اللعب؛ ويتوقف

> حبّ الاستطلاع عندها؛ وتتوقف عن الاحتكاك بغيرها من الحيوانات؛ وتتوقف عن محاولة الهرب. فالريتالين دواء جيد لجعل الحيوانات تسكن الأقفاص . . . . وها نحن جيدون في جعل الأولاد يسكنون الأقفاص. أما التحدث عن التربية ومشابهتها بما يتضمنه المثل الأفريقي المعروف «تحتاج تربية طفل واحد إلى قرية بأكملها» فهو أمر حسن، إلا أننا في الواقع نتصرف وكأننا نؤمن بأنّ العملية كلها لا تحتاج إلى أكثر من حبة دواء واحدة.[2]

لا ندري بالأساس إن كان مرض ADHD هو التشخيص الطبي الصحيح لتصرفات الأطفال المشار إليها، فالموضوع مستمر مثار جدل؛ فهناك فئة تنظر إليه على أنه مرض، في حين تقول فئة أخرى أنه من السهل جدا رؤية التشخيص موجودا لدى جميع الأطفال العاديّين تقريبا. إلا أنه مهما كان الجواب على هذا السؤال، فالواقع هو أن معظم الآباء والأمهات والمعلمين الذين يتعاملون مع هذه الحالة على صعيد يومي وفي احتكاك مع الأطفال المتعِبين لا يترددون في وصفها بأنها صعبة ومرهقة. وليس هناك من شك في أن تشخيص مرض ADHD يعيل صناعة طبية بمليارات الدولارات تتألف من الأطباء النفسانيين والأخصائيين في المعالجة بالعلاج الطبيعي بالإضافة إلى الشركات المصنعة للدواء. إلا أن هناك حقيقة مريرة أخرى وهي أن أعدادا متزايدة من الأطفال يسلكون سلوكا تخريبيا على صعيد يومي بحيث يندفع على أثره الآباء والمعلمين إلى الأطباء طلبا للمساعدة، لأنهم لا يستطيعون الحصول على المساعدة في أي مكان آخر.

فلو أخذنا بنظر الاعتبار عدد الأطفال الذين يصارعون اليوم لإيجاد استقرار نفسي، فسوف يلزمنا التوصل إلى نهج جديد للتدخُّل

المبكر لحل المشكلة في التربية التمهيدية وإصلاحها. وأعلم أن تشخيص صعوبات الطفل وتفهُّمها يشكلان مصدر ارتياح بالنسبة إلى الآباء والأمهات. وتُعتبر تسمية المشكلة بداية الحصول على المساعدة في بعض الأحيان. غير أنها تلعب دورا مؤثرا في أحيان أخرى في إزاحة أطفال أذكياء ومقتدرين وضمّهم إلى صفوف ذوي الاحتياجات الخاصة أو صفوف البطيئين في التعلُّم. وبسبب العدد المتزايد لتشخيصات الحالات المرضية للتلاميذ أصبح من الصعب لمعظم المعلمين حتى المتفانيين منهم تحديد مواهب كل طفل وحدود قابلياته.

ولو تمّ تضليلنا إلى الاعتقاد بأن السلوك التخريبي للأطفال يمثل نوع من أنواع المرض دائما، وبأننا ينبغي إعطائهم الأدوية التي يحتمل أن تكون خطرة عليهم، فمعنى ذلك أننا نتخذ الحلّ السهل للخروج من الأزمة. فبدلا من ذلك، يمكننا أن نلقي نظرة إلى بيوتنا ومدارسنا لنكتشف مدى تأثير انشغالاتنا الذاتية والماديّات في منع الأطفال في أغلب الأحيان من الحصول على السلام الروحي والاستقرار النفسي. وتروي لنا سارة بارنيت Sara Barnett، العاملة في مجال الخدمات الاجتماعية، هذه القصة:

> عندما كنت أعمل في العيادة الطبية، فغالبا ما كان الآباء والأمهات يجلبون أطفالهم ويتشكون من أمور عادية وعامة مثل: «إنه لا يستمع إلى توجيهاتنا» أو «تنتابه العديد من نوبات الغضب.» وهناك حالة رضية تُلصق بالأطفال تسمى «اضطراب السلوك التخريبي» وما تعنيه مجرد أنهم يسيئون التصرف، أو لا يسمعون الكلام.
>
> وجزء من العلاج القائم على الأدلة العلمية والبحوث

لهذه الحالة يسمى «تدريب الوالدين على إدارة السلوك» وهو برنامج يدرب الوالدين على إدارة مشاكل أطفالهم السلوكية في المنزل أو المدرسة. فيطالب الجزء الأول من العلاج الوالد والوالدة قضاء خمس دقائق من كل يوم ليلعبوا مع طفلهما. خمس دقائق في اليوم! وكان الكثير من الآباء غير مستعدين لذلك، وسمعت قائمة كاملة من الأعذار عن سبب عدم إمكانية ذلك. ومن أحد الأسباب الرئيسية الذي جعلني أترك هذا العمل، بعد ولادة بنتي، هو أنني لم أكن أفهم بل لم أكن أعقل كيف لا يمكن للآباء أن يقضوا خمس دقائق في اليوم مع طفلهم.

ولو تحدثنا بمنطق الطب السريري الذي يبني استنتاجاته على الفحوص الطبية العملية وليس على النظريات، فيمكن تتبع السلوك التخريبي لدى الطفل واكتشاف السبب الكامن ورائه وهو: عدم وجود ارتباط سليم للطفل مع الأهل. فلن يستمع الطفل إلى والديه لو لم يوجد حوار بينهم ولو لم تُبنى علاقة حميمة. فيفكر الأطفال كالآتي: «لماذا يجب أن أستمع إلى توجيهاتك لي؟ فهي لا تعني أي شيء؛ وليس لها أي سلطة عليّ.» فأشرح هذا الموضوع للوالدين فيقولون: «نعم، نعم، نعم.» غير أنهم لا يريدون القيام بالعمل المطلوب منهم؛ فيريدون جلب طفلهم لي لإصلاحه. فكم يُحزن هذا الأمر ويسحق القلب!

هناك العديد من المسببات لعدم استقرار الأطفال. وبما أنه ليس بوسعنا حلّ جميعها في آن واحد، إلا أننا لدينا حقّ السلطة التربوية للسيطرة والتأثير في عائلاتنا أو فصولنا الدراسية. لذلك دعونا نبدأ من

هناك. فالبداية جيدة دائما حتى لو كانت خمس دقائق في اليوم. ولن تكون عملية إصلاح وعكس التوجهات السلبية لدى أولادنا سهلة بالتأكيد، لكن كلما ترددنا في المباشرة في العمل ازداد صراع الأطفال وهم يكبرون تحت وطأة العبء الثقيل للحالة المرضية. وعندما نلصق عليهم ميزة معينة تقترن بذلك العبء المرضي فلا يساهم ذلك في تخفيف حمله على الطفل دائما؛ بل على العكس، فيمكن أن يسبب في الواقع مشكلة: إذ يأخذ الآباء والأمهات والمعلمين والأقران من الأصدقاء والتلاميذ أيضا في معاملته على أساس أنه مريض بدلا من التعامل الطبيعي معه كطفل عادي.

ويجب أن نساعد كل طفل على فعل ما بإمكانه تأديته رغم حالته الصحية، في الوقت الذي نساعدهم من ناحية أخرى على تخطي صعوباتهم. فخذوا على سبيل المثال قصة كايل Kyle كما روتها والدته آيرين Irene كما يلي:

> كان عمر كايل ست سنوات عندما تم تشخيص مرض ADHD عنده. وعندما قرأنا قائمة أعراض المرض، علمنا أنها كانت مطابقة لتصرفاته، وكانت كالآتي: سرعة سهوه وشرود ذهنه، وصعوبة في اللعب بهدوء، ويحكي كثيرا، ولا يصبر لغاية مجيء دوره، ويستعجل في الإجابة قبل الانتهاء من إكمال السؤال، ومندفع وعفوي، ولا يستطيع الجلوس بثبات، وتلعب يديه باستمرار بالأشياء من حواليه، أو يقفز على مقعده عند الجلوس، ولديه مشاكل في التركيز - فهذا كان ابني كايل بشموليته، لكن هل يعني هذا أنه معاق؟ فأخذنا نتساءل: من ذا الذي يرسم هذه الخطوط الغامضة بين المعاقين والطبيعيين؟

وُلِد كايل قبل أوانه، وكان دائما نعسانا لم يكد يفتح
عينيه. وفي عمر ثلاثة أشهر استيقظ وبدأ حياة ذات طاقة
عالية من الحيوية والنشاط. وكان يقلب الدنيا لو كان في
مهده ما لم نعطِه لعبة جديدة أو نشرة للأطفال. ولم يحضن
مطلقا الحيوانات القطنية ولم يحب الجلوس في الأحضان.
وبدأ يخطو في عمر تسعة أشهر ويركض عندما صار سنة
واحدة. وعندما نعطيه لعبة ترتيب الصور المقطوعة، فتراه
يقلب كل شيء على الأرض ويبدأ بترتيبها وإكمالها بسرعة
مستعملا كلتا اليدين.

وصارت كلمات وجمل كاملة تتدفق من فمه وكأنها
شلال. وكان دائما مشغولا، ويتدخل في كل شيء، ويستولي
على لعب الأطفال الآخرين. وقالت لنا معلمته في الروضة:
«لو لم أرَ ما يجري وأسبق كايل بخطوة لسبقني بخطوتين.»
ولما كان عمره ثلاث سنوات، ركض قبل أطفال صفّه وتسلق
شجرة عالية جدا لاستكشاف بيت صغير خشبي مبني على
شجرة، فصارت معلمته تبحث عنه في كل مكان. ولأنه كان
دائما يركض أو يقفز أو يتسلق فكسر عظمة الترقوة التي في
أعلى الصدر مرتين.

وفي الصف الأول الابتدائي، كان يثور ويتمرد على
الجدول المدرسي الروتيني. فأساء التصرف وخالف القواعد.
ولم يكن لديه العديد من الأصدقاء. وكان يشعر بالإحباط
والفشل. ونحن أيضا كنا نشعر بالإحباط والفشل. وبدا الأمر
وكأنه مهما نحاول فلا ينفع شيء، ما عدا عندما يكون بين
أحضان الطبيعة وليس بين أربعة جدران.

وكان كايل يمضي ساعات في عطل نهاية الأسبوع لمراقبة

الحشرات أو تسلق الأشجار والجلوس على أغصانها لمشاهدة الطيور. واكتشف الأعشاش وبدأ بتجميعها، وأخذ يتعلم عن أساليب الطيور المختلفة. ولما بدأ يستمع إلى تسجيلات لتغريد الطيور، صار يحفظ ألحان تغريدهم، وعندما كانت الأسرة تتنزه وتمشي في الطبيعة أصبح قادرا على التعرّف على هوية الطيور بشكل مضبوط وقبل رؤيتها.

أما فصل الصيف فقد جلب معه فرحة النوم في الحديقة الخلفية، وحفلات السمر أمام نار الحطب، وتحميص حلوى المارشميلو على هذه النار، والاستسلام للنوم تدريجيا تحت الملايين من النجوم. وساعده والده بصنع قارب صغير، وأمضيا ساعات لجعل القارب يبحر ويعوم على طول جداول المياه الجياشة. ويبدو على الأرجح أننا قضينا مئات الأميال في رحلات السير الطويلة وركوب الدراجات الهوائية لمجرد مواكبة ابننا كايل.

إلا أن فصل الخريف يعاود زيارتنا كل سنة. فكان ينبغي أن يعود كايل إلى طاولة الفصول الدراسية، ويبدأ في داخله التهييج النفسي والذهني المفرط، والمطالب الدراسية. فقررنا اتخاذ الإجراءات اللازمة. وبعد أن فكرنا مع معلميه وطبيب الأسرة، توصلنا إلى خطة للمعركة.

فبدأنا بتقليل الأشياء المركومة والفوضى في غرفته ومن حوالي طاولته الدراسية في المدرسة. فأزلنا العديد من الصور، واللُّعب، والكتب، والألعاب، وعملنا مكانا لأعشاش الطيور، وشتى أنواع الصدف البحري، والأخشاب الطافية التي وجدها في الجداول والأنهر. ثم قمنا بتخفيف نظام الألوان في غرفته، وإزالة أي شيء ساطع واستعمال ألوان ترابية بدلا

من ذلك، مثل جوزي وكستنائي وخمري.

وقلّصنا الأنشطة والفعاليات: ففي المساء، وبعد يوم دراسي مليء، كنا نصل البيت للاسترخاء وذلك بقراءة كتاب ما في بيت صغير خشبي مبني على شجرة أو على الأريكة، بدلا من لعب الكرة. ولم نعُدْ نقبل كل دعوة تأتينا لزيارة بيوت الآخرين. وكنا نردّ على الدعوات بأدب ونقول لهم أننا نسقنا شيئا لهذه الأمسية - لئلا نجرح مشاعرهم، غير أن ما نسقناه كان البقاء بهدوء في البيت!

ولو كانت هناك حفلة قادمة لعيد ميلاد أو لرحلة تخييم، فما كنا نقول له بفترة طويلة سابقة لأوانه - لأن ترقب هذه الفعاليات لم يكن يستحق كل هذا الإفراط في الإثارة. وحاولنا المحافظة على جدول منتظم قدر الإمكان، وعلى الروتين نفسه كل يوم. ووعدناه بإعطائه تشجيع إيجابي متى ما نجح، بدلا من تبعات سلبية متى ما فشل (حتى لو كان فشله أكثر من نجاحه). وباختصار، أخذنا الحياة يوما بيوم، ولحظة بلحظة، وهي في الواقع الطريقة التي يعيش بها الطفل.

وفي النهاية، كانت الطبيعة دائما الدواء الأكثر فاعلية. ففي صباح أحد أيام الشتاء، كان يجلس بهدوء، ويطعم عصفور القرقف على يده المفتوحة. فسأله أحد زوار المدرسة عن كيفية نجاحه في ترويض العصفور. فأجابت عنه معلمته الحكيمة معلقة كالآتي: «لم يروِّض كايل العصفور بل العصفور روّضَه.»

ونصيحتي إلى كل أب وأم يصارعان من أجل مساعدة ولدهما الفريد على إيجاد طريق سليم يتقدم فيه، هي

كالآتي: واصلوا العمل التربوي باستمرار، ولا تتوقفوا عن محبة ولدكما. أما ابني كايل فأكمل دراسته وحصل على مهنة ناجحة في علوم الحاسبات. وهو سعيد بزواجه الآن ولديه طفلان صغيران، واشترى مؤخرا منزلا متكاملا مع حديقة خلفية كبيرة مليئة بالأشجار حتى يمكن لطفليه أن يجدا موطئ قدم لهما في الطبيعة كما فعل هو.

كانت أسرة آيرين محظوظة - إذ نرى أن طبيب الأسرة والمعلمين في المدرسة تأثروا فعلا بمقترحات الأهل وقاموا بالتعاون والعمل المشترك معهم وأصبحوا كفريق واحد لصالح كايل. وكم تمنيت أن يحصل الشيء ذاته لكل طفل. وربما يجب على مكاتب الأطباء والأخصائيين بالعلاج الطبيعي وضع لوحة تقول ما يلي: «ينبغي أن لا يُنظر إلى أي تشخيص طبي سوى كعامل مساعد لفهم الصعوبات التي يواجهها الطفل، وذلك للتوصل إلى أفضل السبل لدعمه ومساعدته.» ولدى كل طفل صعوبات، لكن هل ستؤدي صعوباته إلى تحقيق الهدف المرجو منها وتتحول إلى شيء إيجابي أو إلى انقلاب الحال إلى كارثة؟ إن الجواب على هذا السؤال يتوقف وإلى حد كبير علينا نحن البالغين وعلى دعمنا له ومساعدته، فالتربية مسؤولية جسيمة. وقد يساعدنا هذا الموضوع في تفهم مدى صعوبة تحديد الطفل والجزم بأنه «طبيعي.» فهل هناك شيء من هذا القبيل؟ فبدلا من تصنيف حالة الطفل بأنها غير طبيعية في سن مبكرة، فيمكننا التحرّر من ذلك والتركيز على جذور التغيير، مثل: بيئة سليمة، وتوقعات أقل صرامة، وتعليم أكثر مرونة.

أن مرض التوحُّد أو الذاتوية هو مرض نفسي يصيب الأطفال الصغار، ومن أعراضه حركات متكررة من التأرّجُح أو الدوران في

المكان نفسه، وعدم الاندماج الاجتماعي، والتأخّر في تعلّم اللغة، وترديد كلام الآخرين، والشعور بالحزن لأسباب بسيطة. فقد تم تشخيص مرض التوحّد وبدرجة بالغة عند السيدة تمبل غراندين Temple Grandin عندما كانت طفلة. إلا أنه بفضل عزيمتها القوية وبفضل تشجيع والدتها المستمر وبفضل الرؤية البعيدة المدى لمعلمها في درس العلوم، أكملت دراستها لتصبح عالمة، وأستاذة جامعية، ومؤلفة كتب، ومخترعة، وناشطة دؤوبة من أجل الأطفال الذين يتعلمون بشكل مختلف. وفي حديث لها بعنوان «العالم بحاجة إلى شتى أنواع العقول،» بيّنت الميل الثقافي للمجتمع الذي يفترض أن نهجا تربويا موحّدا يجب أن يتلاءم مع جميع الأطفال، فقالت:

> إن مرض التوحُّد هو طيف واسع جدا والتشخيصات الطبية ليست دقيقة بشأنه. فهو خصائص سلوكية، وسلسلة متصلة من الميزات. . . . نصفها علمي، والنصف الآخر ما هو سوى شجار الأطباء حول طاولة المؤتمرات. وهناك مصطلح آخر وهو اضطراب التواصل الاجتماعي الذي يقولون عنه أنه يختلف عن مرض التوحُّد. وهناك أيضا «اضطراب النمو الشامل غير المحدد PDD–NOS» ما هذا؟ لقد صار الأطفال يُلصق عليهم شتى أنواع الحالات المرضية مثل أطفال أسبرجر - نسبة إلى متلازمة أسبرجر Asperger syndrome وهي إحدى اضطرابات طيف مرض التوحُّد، أو ADHD، أو لا سمح الله، الاضطراب التخريبي الذي يُسمى اضطراب التحدي الاعتراضي - فهذا أسوأ ما يمكن فعله. فلنعلم بأن كل طفل سوف يتحول إلى حالة اضطراب التحدي الاعتراضي ما لم نعمل على تحفيزه.

فلابد أن نبيّن للأولاد أن هناك أشياء مثيرة للاهتمام في العالم وذلك لتحفيزهم. ولابد أن تتعاون شتى أنواع العقول وتعمل معا، والنتيجة ستكون حتما أفضل. وأنا قلقة جدا من نظامنا التعليمي الذي يتناسى مفكري البصر ومفكري الرياضيات. إذ يزداد النهج اللفظي في التعليم أكثر من اللازم. . . . وصارت المدارس تزيل التفكير البصري والأعمال اليدوية. فلا تختبر المدارس مؤهلات وكفاءة التلاميذ بشأن فهم واستخدام الآلات أو المكائن أو العدد اليدوية. فالأطفال الغريبي الأطوار والأطفال الذين يصعب التعامل معهم هم مصدر الإبداع للمستقبل. . . . وأنا قلقة من أن هذا البلد يلتهم رأسماله التعليمي.[3]

اِسترسلت السيدة تمبل غراندين لتشير إلى أنه وفقا للإطار الحالي للتشخيص الطبي، فربما يجري تشخيص شكل من أشكال مرض التوحُّد عند عباقرة مثل الموسيقي موتسارت Mozart، والمخترع العلمي تسلا Tesla، وواضع النظرية النسبية آينشتاين Einstein. لأنه وقبل كل شيء، لم يتمكن آينشتاين من الكلام لغاية الثالثة من عمره.

ويُعتبر آينشتاين من أحد أبطالي، ليس لتألّقه العلمي الكبير وإنما لحكمته وتواضعه. وغالبا ما كان يتحدث عن التعليم الصحيح، فقال مرة: «لستُ ذكيا جدا ولا موهوبا بموهبة متميزة. فأنا ليس سوى مُحِب للاستطلاع جدا جدا!» وقد كتب في مناسبات أخرى، ما يلي:

من المهم جدا عدم التوقف في طرح الأسئلة. لأن حب الاستطلاع له أسبابه في الوجود. ولا يمكن للمرء سوى

الشعور بالمهابة عندما يتأمل أسرار الأبدية، وأسرار الحياة، وأسرار البنية الرائعة للواقع. ولو حاول المرء فهم جزء يسير من هذه الأسرار في كل يوم لكان ذلك كافيا. فلا تفقد أبدا حب الاستطلاع المقدس.

وأسأل نفسي أحيانا، كيف حصل الأمر لأصبح أنا الشخص الذي وضع النظرية النسبية؟ والسبب، كما أعتقد، هو أن الشخص البالغ العادي لا يتوقف أبدا في التفكير في مشاكل المكان والزمان. وهذه أشياء كان يفكر فيها عندما كان طفلا. غير أن تطوري الفكري كان متخلفا، ونتيجة لذلك، فلم أبدأ بالتساؤل عن المكان والزمان إلا عندما كبرت.[4]

يتحدث آينشتاين هنا عن عدم تطابق واقع الطفل مع توقعات الوالدين والتربويين. فهناك طفل في كل أسرة وفي كل صف مدرسي يتعدى الحدود المقبولة أو يتطرّف، ويتكلم بصراحة محرجة، ويتورط دائما في مشكلة. وهو ذلك الطفل الذي يوقِع كل معلم في أطول حيرة ويطيّر أعمق نوم من كل والد أو والدة. ومهما تكن الظاهرة طبيعية، فإن عدم ملاءمة مثل هذا الطفل ليست أمرا سهلا أبدا لا على الأهالي ولا على المعلمين. وها هي جانين Janine، وهي امرأة عانت لسنوات من توجيه أصابع الاتهام إليها وأيضا الرفض، تحكي لنا:

كنت أقول للناس عن رأيي بالضبط دائما منذ كنت طفلة صغيرة جدا، وإن كان هذا نادرا ما يجري تقديره. فلو كان هناك عيب ما على وجه أحد الأشخاص، ولو تعثّر أو تنشق بصوت مسموع أو كان له ارتعاش عصبي، لأشرت إلى ذلك دائما. ولو رأيت أحد الكبار مكتئبا، لأحببت أن أسأله فيما

إذا كانت هناك مشكلة معينة. وبطبيعة الحال، كنت أتلقى دائما توبيخا.

وأنا ممنونة جدا من أن الكثير من تجارب طفولتي لم يبقَ منها سوى غشاوة خفيفة الآن، لكن لا يمكنني أبدا نسيان الإحساس المرير عندما كان يُنظر إليّ بأني شاذّة أو غير ملائمة - متورطة دائما في مشكلة، ومتهمة دائما بخلق المتاعب. وقد سرقت وغششت وكذبت في المدرسة، التي كانت مدرسة خاصة ولا تقبل أيّا من كان. فكنت منكمشة جدا على نفسي، ولو رأيت انتقادات توجه إليّ أو اتهامات أو إلقاء باللوم لأصبحت شرانيّة. غير أنه كان أيضا ينقصني كثيرا الأمان والاطمئنان النفسي. أما لصق ألقاب عليّ لاسيما من قِبل معلم معين كنت متحذّرة منه فلم يساعدني ذلك في تخطي محنتي. وكانت تلك السمعة تتبعني أينما ذهبت، وأدّت بالناس إلى أن يأخذوا نظرة عني بأني كنت على وشك أن أُسيء التصرف دائما. وكان يجري تقديم النصيحة التالية لجميع المعلمين البدائل: «احترس منها، فلهذا تراها جالسة في الصف الأمامي.» وكنت أكذب للابتعاد عن المشاكل، وعندما يضبطون كذبتي أكذب أكثر.

وبحلول موعد مغادرتي للمدرسة الابتدائية، كنت قد فقدت الأمل من نفسي. لما لا؟ فلم يكن هناك مَنْ يعقد الآمال عليّ. ولما كنت محطمة نفسيا تحجّر قلبي بوجه كل المشاعر وأصبحت مجرد حجر يمشي. فلم يكن بوسعي البكاء لسنوات.

وعندما أرجع بذاكرتي إلى طفولتي الآن، أدرك بأني لم أكن خالية من الذنب بالتأكيد. وكنت على الأرجح طفلة

متعِبة في كثير من النواحي، لكن، أيصحُّ أن نجعل الطفل يشعر بأنه مفقود الأمل منه، أو نوسمه وسما مميزا حتى ييأس؟ أليس من حق كل طفل أن يشعر بأن هناك من يعقد الآمال عليه ولديه قناعة راسخة بطيبة نفسه، وبأن الأمور يمكن لها أن تتحسّن فعلا؟

في الوقت الذي قد تبدو بلايا امرأة مثل جانين تافهة بالمقارنة مع الاعتداء البدني والجنسي، لكنها بالحقيقة ليست كذلك. فكما تبيّن قصتها، فإن العبء الثقيل الناجم عن إلصاق سمات معينة على الطفل قد يستحيل عليه حمله. وفي جميع الأحوال، فإن المعاناة النفسية للطفل ليست تافهة أبدا. ولأن الأطفال ضعفاء جدا، ولأنهم يعتمدون على البالغين من حولهم، فإنهم، بحسب تجاربي، حساسين بالانتقاد أكثر مما يتصوره المرء، ويمكن سحقهم نفسيّا بسهولة كبيرة. وعلى الرغم من أن نسيانهم الطبيعي وقدرتهم المذهلة على الغفران يخففان عن معظم الأطفال الكثير من الأعباء التي قد تثقل كاهل الكبار، إلا أنه يوجد أطفال يمكن تحطيم ثقتهم بالنفس وذلك بواسطة اتهام ظالم أو تعليق جارح أو سوء تقدير متسرّع.

فمتى ما ننتقد طفلا فيعني ذلك أننا فشلنا في رؤيته كإنسان كامل. ولا أنكر أنه قد يكون عصبيا أو خجولا أو عنيدا أو عنيفا؛ وربما نعرف إخوته أو خلفيته، أو نعتقد بأننا نعرف سمات أسرته. إلا أن هذا إجحاف بحق الأطفال عندما نعمم عليهم صورة نمطية معينة. فالتركيز على جانب واحد من الأطفال، لاسيما الجانب السلبي، هو بمثابة وضعهم في صندوق قد لا تتطابق جوانبه مع حقيقة الواقع، وإنما مجرد مع توقعاتنا الخاصة. وكنتيجة لذلك فأن تصنيف الطفل ضمن فئة معينة معناه أننا ننسى أن مصيره لم يوضع في أيدينا. وقد

يحدّ ذلك أيضا من قدراته، وبالتالي من قدرات الشخص الذي سيصبح في المستقبل.

أما المقارنة بين الأطفال – سواء كانوا أطفالنا أو أطفال الآخرين – أمر سيء ومؤذ تماما مثل إلصاق تسميات سلبية بهم. ومن الواضح أن كل طفل مختلف عن الآخر. فيبدو أن بعضهم سعيد الحظ وتنفتح له الأبواب من كل حدب وصوب، في حين يلاقي البعض الآخر صعوبات في شيء بسيط واحد وهو مواجهة الحياة والتعامل معها. وبعضهم درجاته عالية دائما، في حين يكون البعض الآخر دائما في المؤخرة. وهناك من هو موهوب وله شعبية، في حين ما يزال الآخر متورطا دائما في المشاكل مهما حاول جاهدا. ويجب أن ينشأ الأطفال على تقبل هذه الحقائق. غير أن من واجبنا كآباء وأمهات وتربويين أن نقوم بدورنا أيضا على أكمل وجه، والتوقف عن إظهار المحاباة والتفضيل، وعن مقارنة أطفالنا مع الآخرين. والأهم من كل شيء، يجب علينا التوقف عن دفعهم لأن يصبحوا شيئا لا تسمح به تركيبتهم الشخصية الفريدة أبدا.

وينبغي عدم قمع قدرات الطفل أو تجاهلها أبدا، ولكن هناك أيضا مخاطر في تشجيعها أكثر من اللازم. فلا يجوز للثناء أن يستند على مواهب الطفل الفطرية الموجودة أساسا كجزء من شخصيته وإنما على بذل جهوده في العمل وعلى تحسّن سلوكه. ولو جعلنا الطفل واعيا زيادة عن اللزوم بمواهبه فان تكون مهمة إرشاده سهلة، أما لو كان وعيه نتيجة لإملاء أذنيه بعبارات الإطراء لأصبحت مهمة إرشاده أصعب بكثير. وأضف إلى ذلك، فأن خلق انطباع مبالغ فيه لدى الطفل من تقدير الذات أو الزهو بالنفس، الذي غالبا ما يُبنى على حساب الآخرين، سيؤدي بالتالي إلى حصولنا على طفل قد يجد صعوبة كبيرة في التواصل وإقامة علاقات مع أقرانه.

والمشكلة نفسها في الاهتمام الزائد والمحاباة المبطنة وغير المحسوسة التي نُظهِرها للأطفال من الذين يساعد مظهرهم الجذاب أو ابتسامتهم الجميلة أو شخصيتهم اللطيفة في سريان الأمور معهم بسلاسة في مرحلة الطفولة. وكما كان جدي يقول أن مثل هؤلاء الأطفال يكونون مثقلين «بلعنة ذهبية» – لأنها وهم خدّاع خطير. فيظن الأطفال أنه لو حاباهم الناس في طفولتهم فسوف يعاملهم عالم الكبار أيضا بالطريقة نفسها عندما يكبرون وسوف تسري الحياة معهم بسهولة وسلاسة، إلا أن الواقع عكس ذلك.

ومن الممكن جدا لنا كآباء وكتربويين أن نخلط بين الأطفال «الصالحين» والأطفال «السهلين.» ولنعلم قبل كل شيء أن تربية طفل ليصبح طفلا «صالحا» مشكوك في نتيجتها وغير مضمونة، وذلك لمجرد أنّ الخط الفاصل الذي يفرِّق بين غرس النزاهة وبين تنمية الإعجاب بالنفس رفيع جدا ويصعب تمييزه. ويشير التربوي الأمريكي والأخصائي في حقل التربية الشخصية توماس ليكونا Thomas Lickona إلى أن الوقوع في المشاكل قد يكون جزءا حيويا في بناء شخصية الطفل. فيقول:

شجِّعْ الطفل على الطاعة، لكن لا تكبّل استقلاليته. وقد قيل بحكمة، أن كل طفل يجب أن تكون لديه القناعة لإمكانية أن يسيء التصرف أحيانا وأن يغلط. فمن المهم جدا إفساح المجال أمام الطفل لكي يغلط وعدم دفعه ليصير كاملا. . . . فالفتاة التي كانت «ملاكا صغيرا» في طفولتها، لن تكون بالضرورة شخصا بالغا متمكنا في التغلب على المصاعب ولها شخصية مستقلة قوية.[5]

ومثلما يؤذي المديح الزائد الطفل «الصالح،» فكذلك قد يكون لتأثير المقارنة السلبية آثارا مدمرة كبيرة، عندما نرفع أحدهم وننزل الآخر، فنترك الطفل الآخر يشعر بأنه «سيء.» فطالما أننا نقوم بمقارنة صفات الطفل السيئ مع صفات الطفل الجيد، فإننا نربط بذلك تقديره لنفسه بمدى قدرته على الوصول إلى قدرات شخص آخر، مما يؤدي إلى وقوعه في فخ حلقة مفرغة من دوامة الإحباط وفقدان الثقة بالنفس التي لا نهاية لها.

وأنا كوالد، فغالبا ما أفكر بالكلمات البسيطة للتربوي جينوس كورجاك Janusz Korczak الآتية: «أنا مقتنع بأن هناك من عناصر الخير في الطفل عشرة أضعاف عناصر الشر، وعن الشرّ الذي فيه فلننتظر لنرى ماذا سيحدث بشأنه.» وباعتباري متحدثا في مجالس المدارس المختلفة، فقد قرأت الكلمات التالية التي كتبتها مجموعة من التلاميذ على عدد لا يحصى من الطلاب. وفي نظري، فإن هذه الكلمات تعبّر بلغة طفولية كافة الرسائل الإيجابية التي يمكن لها أن تضيع أثناء صراع الأهالي والتربويين لمجرد «تدبير أمور اليوم كيفما اتفق» وهي كالآتي:

أنت إنسان متميز للغاية. فلا يوجد أحد مثلك في كل العالم. ولم يكن لأحد ابتسامتك أو عينيك أو يديك أو شعرك منذ أول الدهر. ولا يملك أحد صوتك أو خط يدك أو طريقة تواصلك مع الآخرين. ولا يرسم أحد مثلك أو لديه ذوقك. وليس هناك من يرى الأمور كما أنت تراها. ولم يضحك أحد أو بكى مثلك بالضبط على الإطلاق.

ولا يوجد إنسان آخر في العالم مَن له مجموعة القابليات التي عندك. وسوف يكون هناك دائما شخص

أفضل من غيره في مجال معين. وكل إنسان متفوق عليك بأسلوب واحد على الأقل. غير أنه لا يوجد إنسان في هذا العالم لديه تركيبة المواهب والمشاعر التي عندك. ولهذا السبب، لن يحب أحد مثلك أبدا أو يمشي أو يتكلم أو يفكر أو يتصرف مثلك بالضبط.

وأن كل ما هو نادر أو فريد من نوعه له قيمة كبيرة، وهذا ينطبق عليك. ثم إنك لم تأتِ من قبيل الصدفة – فقد خلقك الله لغرض سامٍ، فسلمك مهمة ورسم لك هدفا بحيث لا يمكن لغيرك أن يجيد القيام بهما. فمن بين البلايين من المتقدمين، لا يوجد سوى شخص واحد مؤهل لتلك المهمة. فهناك شخص واحد لديه التركيبة الصحيحة المطلوبة – وهذا الشخص هو أنت.[6]

كلما قرأتُ هذه الكلمات على الأطفال، شاهدتُ ردّ فعلهم الجميل. لأننا نلفت انتباههم بهذه الكلمات إلى أن حياتهم لها معنى وقيمة، بغض النظر عن أوجه القصور عندهم أو صراعاتهم.

ومن الصعب في كثير من الأحيان على الآباء والأمهات رؤية الفوائد التي يجنونها من تنشئة طفل مُتْعِب – حتى لو كانت النتيجة إيجابية. فيحزن البعض منهم كثيرا ويغتم بسبب التنشئة الصعبة لطفلهم؛ في حين يرتاح البعض الآخر كثيرا بمجرد انتهاء معركة التنشئة، ولا يعود من بعدها لا الوالدين ولا الولد بذكر الموضوع ثانية أبدا. غير أني أؤمن بهذا المبدأ حتى لو كان يبدو غريبا على المسامع وهو أنه كلما كان الطفل صعبا وجب على الوالدين إن يحمدا الله ويشكرانه أكثر من قبل. فعلى العكس، فينبغي أن يحسد الناس آباء الأطفال المتعِبين لأنهم اضطروا إلى أن يتعلموا أكثر من غيرهم أروع

أسرار الأبوة الحقيقية، ألا وهو: معنى المحبة غير المشروطة. إنه سرّ ما يزال مخفيا عن أولئك الذين لم يجرِ اختبار محبتهم مطلقا.

ولو تقبلنا برحابة صدر ما تنطوي عليه إمكانية تربية طفل ذي صعوبات متعِبة وآخذين بنظر الاعتبار هذه المحبة غير المشروطة، لرأينا أن لحظات الحزن الصعبة التي نواجهها كآباء يمكن لها إيقاظ أفضل الخصال النبيلة في داخلنا. وبدلا من أن نحسد جيراننا على الراحة التي تبدو لنا بأنهم يربون بها أولادا كاملين، دعونا نتذكر أن الذين يخرقون الأنظمة وأيضا الأطفال الذين يظهرون جوانبهم السلبية غالبا ما يتمتعون بالاعتماد على الذات والاستقلالية عندما يكبرون وبدرجة أكبر من أولئك الذين لم تُجرّب حدود قابلياتهم مطلقا. وعلى حد تعبير المصلح الاجتماعي الأمريكي من القرن التاسع عشر والمنادي بتحرير العبيد الواعظ هنري وورد بيتشر Henry Ward Beecher، فقد قال: «أن الطاقة في الطفل التي تجعل من تربيته صعبة هي ذات الطاقة التي تجعل منه بعد ذلك مديرا للحياة.» ولو جعلتنا تجارب طفولتنا الشخصية مترددين في تبني مثل هذه النظرة الإيجابية، فيمكننا تحويل نظرنا وتفكيرنا من أنفسنا إلى أطفالنا دائما. فعندما نحبهم ويحبوننا فسوف نعيد اكتشاف قوة المسامحة باستمرار وأيضا اكتشاف أهمية ترك الماضي وراءنا واكتشاف التفاؤل المولود من الأمل.

وأن الغفران ضروري جدا ولعشرات المرات في اليوم. ومهما كانت عدد المرات التي يقع فيها الطفل في المشاكل فلا تفقد ثقتك به أبدا. أما عند إلصاق تسمية «ميؤوس منه» على الطفل فهذا معناه أننا سقطنا في فخ اليأس وإلى حد فقدان الأمل فيه، وهو أيضا فقدان المحبة نحوه. وقد نرفع أيدينا في بعض الأحيان بسبب اليأس الكبير الذي يصيبنا ومن ثم التوقف عن القيام بمحاولة ثانية لصعوبة الأمر،

لكن لو أحببنا أطفالنا حقا لما قطعنا أملنا منهم أبدا. ولم يرسل الله إلى العبرانيين شريعة موسى فحسب بل أيضا المَنّ: الخبز السماوي. فبدون هذا الخبز - أي بمعنى، بدون دفء المحبة، والمرح، والطيبة، والرأفة - لا يمكن لأي عائلة النجاة.

وبدلا من تسكيت الأطفال الذين يجعلوننا نتواجه مع مواقفهم المحرِجة، وبدلا من تضييق الخناق على أولئك الذين لا يتناسبون مع البقية، وبدلا من تحليل نفسية الأطفال الذي لديه الكثير من المشاكل واستخلاص النتائج حول مستقبلهم الجانح، فمن الضروري جدا أن نقبلهم كلهم ونرحب بهم كما هم عليه. وسوف يساعدنا الأطفال بالحقيقة على اكتشاف مدى ضيق مفهومنا عن موضوع «الطيبة» ومن ثم توسيع آفاقنا فيه، وسوف يساعدنا الأطفال أيضا على اكتشاف الملل في النظرة التماثلية التي نريد الأولاد بها أن يكونوا كلهم على نمط واحد متماثل دون شواذ، فبإمكان الأطفال تعليمنا عندئذ على أهمية الأصالة، وعلى حكمة التواضع، وعلى الواقع الذي يقول: «لا يمكن الفوز بشيء جيد من دون كفاح،» وهذا ينطبق على التربية والتعليم مثلما ينطبق على الكثير من مجالات الحياة الأخرى.

الفصل التاسع

اِكتشاف التوقير

عندما يمشي طفل في طريق، يتقدّمه حشدٌ من الملائكة التي تنادي: «اِفسحوا المجال لصورة القدوس.»

قول صوفي يهودي من المذهب الحسيدي

في المجتمع المليء بالمشاكل التي لا تُعد ولا تُحصى، فإنّ أكبر المخاطر المهددة للأطفال واضحة، مثل: الفقر والعنف والإهمال وسوء المعاملة وعدد لا يحصى من الأمراض الاجتماعية، لكن ماذا بوسع كل منا أن يفعله للتغلب عليها؟ لقد أشار الكاتب هيرمان هيسه Hermann Hesse، الحائز على جائزة نوبل في الأدب، في مقالة له حول التجديد الاجتماعي، إلى أن أول خطوة لتجديد المجتمع يجب أن تكون عن طريق التعرف على الأسباب الجذرية لمشاكله، ألا وهي: افتقارنا إلى توقير الحياة. فيقول:

إنّ أية حالة يحصل فيها قلّة احترام أو عدم توقير أو قساوة قلب أو احتقار، فما هي سوى القتل بعينه. ولا تقتصر إمكانية القتل على قتل ما هو في الحاضر فحسب بل حتى على ما هو في المستقبل. وبمجرّد شيء من السخرية والهزء

بالطفل والضحك عليه يمكن قتل قدر كبير من المستقبل في داخل طفل أو شاب. فالحياة في اِنتظارنا في كل مكان، وتزهر في كل مكان، لكننا لا نستطيع أن نرى سوى جزء صغير منها، وندوس الكثير منها بأقدامنا.[1]

يتطرق الكاتب هيسه إلى ظاهرة عدم التوقير التي تشكل مخاطر تهدِّد الأطفال أكثر من أي شيء آخر في العالم اليوم. إذ يسود عدم التوقير كل شيء تقريبا في ثقافة تمجّد الجنس والعنف على حساب البراءة والوداعة. وبالرغم من أنه لم يسلم أحد من هذا التيار المدمر إلا أن أكبر ضحاياه هم الأطفال دائما. ويبدو حال الأولاد في كثير من الأحيان أنهم لم ينالوا فرصة ليكبروا فيها على الإطلاق - إذ يتم قذفهم إلى حياة عالم الكبار قبل أن تصبح قلوبهم قادرة على التمييز بين ما هو جيد في جوهره وما هو فَتّان في مظهره فقط. وتراهم ينتهي بهم الأمر بمجرد تقليد أسوأ ما في سلوك الكبار من دون أن يدركوا ماذا يفعلون. وقد لا يكونون كبارا راشدين فعلا، إلا أنهم من ناحية ثانية لم يعودوا بعد أطفالا حقيقيين بكل ما تعنيه الكلمة.

أما المدافِعة عن حقوق الأطفال الأمريكية دايان ليفين Diane Levin فتسلط الأضواء على مصدر الكثير من هذا التلوث، فتقول:

بعد أسبوع من العطلة الصيفية للمدارس، عقدت إحدى المعلمات اجتماعا في صفها مع مجموعة من الأطفال البالغة أعمارهم ست إلى سبع سنوات. وعندما طلبت منهم أن يحكوا لها عن فعاليتهم المفضلة التي مارسوها في العطلة، أعطى كل طفل منهم مثالا عن عالم الميديا. فبالنسبة إلى الفتيان، كانت ألعاب الفيديو، وأكثرها مليء بالعنف.

وبالنسبة إلى الفتيات، كانت في الأغلب مشاهدة عروض رائجة لفنانات شهيرات من ذوات الطابع الجنسي. وعندما سألت المعلمة الأطفال: «ماذا كنتم ستفعلون في العطلة لو لم يكن لديكم أي شاشات لتستخدموها؟ فصار الجميع يحدق بها مشدوها. . . .

ويمكن للانخفاض في مستوى المهارات الاجتماعية أن يستفحل من جراء تلقيم الأطفال برسالة العنف التي تقدمها لهم وسائل الميديا والإنترنت ورسالة العداء والسلوك الخبيث بالإضافة إلى الجنس، وإضفاء طابع جنسي على كل شيء، والتركيز على المظهر. لأن ثقافة وسائل الإعلام والميديا كثيرا ما تدعم النظرة النمطية الشائعة التي تقول للفتيات أن أساس العلاقات تُبنى على مظهرهن وعلى ما لديهن من حاجيات، بدلا من تشجيعهن على التواصل مع الآخرين. وتعلم ثقافة الإعلام والميديا الفتيان على أن يحكموا على أنفسهم ويقيّموا بعضهم بعضا على أساس مدى قوتهم البدنية واستقلاليتهم واستعدادهم للقتال، وليس على أساس روابطهم الإيجابية مع الآخرين. أي بمعنى أنه قد تمّ تحويل كل من الفتيان والفتيات إلى حاجات مادية خالية من الأحاسيس. فعندما يتحول الإنسان وأحاسيسه إلى جماد فسوف ينعكس ذلك على تصرفاته وسلوكه بحيث تصبح أساليبه خبيثة وخالية من الرعاية والحنان والإنسانية في علاقاته.[2]

عندما يرى الأولاد بأن الناس يعاملونهم كأشياء مادية، فلا غرابة في أن يتعلم الأولاد منهم ويصبح تعاملهم مشابها لهم. وتبدو المسألة

في نظرهم بأنها لا تتعدى سوى أن يكون المرء إما ذكرا وإما أنثى ويفوتهم كل شيء رائع وفريد وعجائبي في حياة كل إنسان. فالواقع هو أن الذكور أيضا يختلف بعضهم عن بعض وكذا الأمر مع الإناث. فلكل إنسان شخصيته الفريدة والمتميزة. فلو لم يكن لديهم وضوحا عن معنى ذواتهم لما كان لهم تقدير وتثمين لنفوسهم أو لكيفية مجيئهم إلى هذه الحياة. ثم يجري أيضا تلقينهم بتفسير جديد منحرف عن معنى أن يكون الإنسان ذكرا أو أنثى.

وهذا بدوره يعزز تشكيل الشِلاّت التي عادة ما يكون أفرادها غير ودودين مع الذين ليسوا في مجموعتهم، وتؤدي غالبا إلى البلطجة والاعتداء. فيميل الفتيان إلى تبني مظاهر رجولة كاذبة، مثل الزهو بالعضلات المفتولة الذي يخفي (عنهم شخصيا على الأقل) الجُبن الجماعي. ويمكن لشِلَّة الفتيات أن يكون لها الآثار المدمرة نفسها وذلك بسبب الخصوصية التي يشددون عليها والضغط القاسي الذي يمارسنه من أجل أن يكنّ متماثلات ضمن الشِلَّة. والأسوأ من ذلك، فأن هؤلاء الأطفال مثقلين بحمل النشاط الجنسي للبالغين قبل أوانهم.

وتتناول شينا Shaina، وهي أم لبنت في سن المراهقة، هذا التعريف المُحرَّف والفاسد لفُتُوَّة البنات:

> عندما حظيتْ آخر مغنية من المغنيات المراهقات ذات الوجه البريء بنجاح كبير على شاشة التلفزيون في برنامج مشابه لبرنامج ذا فويس كيدز، كان عمر بنتي أحد عشر عاما. وكنت أعمل آنذاك لساعات متأخرة، ونادرا ما كان لدي وقت لمشاهدة التلفزيون وتقييم الرسائل الإيجابية لذلك العرض الموسيقي. غير أن جميع أمهات صديقات بنتي

أكّدنَ لي ليُطمئِنني بأن هذه المغنية قدمت مثالا إيجابيا، فلم تلبس بوقاحة، وكلمات أغانيها يرتاح لها جميع الأهالي، ولديها علاقة حسنة جدا مع والدها، وهلم جرا. لذلك، سمحتُ لبنتي الانضمام إلى الحشود - ولست متأكدة فيما إذا كان بمقدوري إبعادها عنها.

وفي الوقت الذي بدأت بنتي بارتداء ملابس مماثلة للمغنيات في ذلك البرنامج، وتغني أغانيهن، وتؤدي حركات الرقص، وتقوم بتحليل كل عرض مع صديقاتها إلى ما لا نهاية، صارت الشهرة تستحوذ على تلك الفنانة الصغيرة التي ظهرت في ذلك البرنامج الغنائي التلفزيوني. ثم اختفت في موجة من التهم المتعلقة بالمخدرات، والصور غير اللائقة، الرشاوى، والأكاذيب. وعندما عادت إلى الظهور، غيرت أسلوب حياتها كليا وصار منظرها وصوتها وتصرفاتها شبيهة بالبغايا الفاجرات. وكانت تجرّ معها جميع عابديها، عابدي «الفتاة الفاضلة.»

لقد تألمت كثيرا عليها بقدر ما أتألم على بنتي. فيجب أن لا تكون على خشبة المسرح في سن الثانية عشرة بالأساس. وكان على والديها أن لا يضعانها هناك، وكان ينبغي أن لا أسمح لبنتي بمشاهدة ذلك البرنامج. لأن الشهرة تلتهم الأطفال، بدون اعتذار أو تفسير. فلا توجد قدوة جيدة في ذلك المشهد التلفزيوني؛ إذ يتحولون إلى قنابل انتحارية، ويؤثرون على جميع المتفرجين ويفتكون بهم.

يبدو أن الكثير من عناصر «حضارتنا المتقدمة» عازمة على تدمير روح الطفولة. فهناك الكثير منها تضرّ الأطفال سواء كانت الماديّات،

أو الاعتماد المفرط على الأدوية، أو الامتحانات الموحدة، أو الأجهزة الإلكترونية والكومبيوترات الزائدة عن اللزوم، أو الإثارة المنحطة والفاسدة التي صارت مقبولة في مجالات الترفيه.

وأؤمن بأن جميع الأطفال يحملون ختم خالقهم عند الولادة. فنقاوتهم وبراءتهم عطيتان عظيمتان. ولو فُقِدَتا لما أمكن استبدالهما. فيجب أن تزداد حمايتهما ككنز لا يملك أحد الحقّ في تدميره.

ولو أردنا حماية البراءة لدى الأطفال، لوجب أولا تطهير قلوبنا من التلوث. وقد قالت في إحدى المرات الكاتبة النمساوية ماجدة فون باتنبرغ Magda von Hattinberg ما يلي:

> أشعر دائما بأننا نحفظ طفولتنا مقفولا عليها، في داخل خزانة مخفية. ونحملها معنا، ونراها بكل وضوح في تلك اللحظات عندما نتجاوب مع الأطفال بكل المشاعر. وأعتقد أن بعض الناس قد دفنوا طفولتهم، أو حتى أنهم قد اقترفوا شيئا رهيبا بحقها: فقد قتلوها. فأن مثل هذه الشخصيات الحزينة التي يراها المرء تمرّ من جانب وجه بريء مرورا غير مباليٍّ أو غير فرحٍ أو مثقّلا ضميريًا.[3]

عندما نصادف طفلا فيجب أن لا يكون ردنا بأقل من التوقير. لقد صار المعنى الحقيقي لكلمة توقير غير واضح، وربما لأن الكلمة تبدو ذات طابع قديم. فيعني التوقير أكثر من مجرد محبة، إنه يشمل موقف احترام وتقدير لصفات الأطفال التي يمتلكونها (التي قد خسرناها نحن الكبار)، ويشمل أيضا استعدادا لإعادة اكتشاف قيمتها، ونحتاج إلى تواضع للتعلم منها.

أن التوقير هو موقف يتسم بالاحترام العميق أيضا كما تعبر عنه

الكلمات التالية التي كتبها جدي:

> إنّ الأطفال هم الذين يأخذوننا إلى الحقّ. ولسنا جديرين بتربية طفل واحد منهم. فشفاهنا نجسة؛ وتفانينا ليس خالصا من كل قلوبنا. ومصداقيتنا ليست كاملة؛ ومحبتنا منقسمة على نفسها. وإحساننا غير نزيه. ونحن أنفسنا لم نتحرّر لحد الآن من جفاف القلب وحب التملك والأنانية. فليس هناك من هو مناسب للعيش والعمل مع الأطفال سوى الحكماء والقديسين - أيْ سوى أولئك الذين يَمْثُلون بين يدي الله كالأطفال.[4]

يجرأ بعض منا احتساب نفسه حكيما أو قديسا. ولهذا السبب بالذات يجب أن تكون القواعد التي تعتمد عليها التربية، ليست المعرفة والفهم فحسب وإنما التوقير أيضا. وفي رواية «طريق العودة» للكاتب الألماني اِيريش ماريا ريمارك Erich Maria Remarque، التي كتبها مباشرة بعد الحرب العالمية الأولى، يوجد مقطع يوضح هذا المبدأ بطريقة لا يمكن نسيانها. واسم الراوي في ذلك المقطع من الرواية هو ايرنست Ernst، وهو من المحاربين القدامى الذي شارك في حرب الخنادق في الحرب العالمية الأولى، فها هو يحكي:

> يأتي الصباح وأذهب إلى صفي في المدرسة. ويجلس هناك الصغار مكتوفي الأيدي، ولا تزال في عيونهم الدهشة البريئة لسنوات الطفولة. وينظرون إليَّ بثقة كبيرة وبإيمان كبير - وفجأة وَخَزَني قلبي.
>
> هَأنَذا واقف هنا أمامكم، واحد من مئات الآلاف من

الرجال المفلسين معنويا، الذين دمرت الحرب كل إيمان لديهم، وأفقدتهم جميع طاقاتهم تقريبا. فأقف هنا أمامكم وأرى مدى حيويتكم ومدى تأصلكم بجذور الحياة أكثر مني. فأنا واقف هنا ومن المفروض عليّ أن أكون معلمكم ومرشدكم. فماذا سأعلمكم؟ هل سأخبركم بأنّ الحياة ستجفّ في داخلكم بعد عشرين عاما وستُصاب بالشّلل، وستتعرض أكثر اندفاعاتكم الحرة للتشوّه وستُقحم بالقوة وبلا رحمة إلى داخل القالب نفسه؟ وهل سأخبركم بأن التعلّم كله والثقافة كلها والعلم كله ما هو بشيء سوى عملية استهزاء شنيعة، ما دام البشر يصنعون الحروب، بالغاز والحديد والمتفجرات والنار، باسم الله وباسم الإنسانية؟ فماذا سأعلمكم إذن، أيتها الكائنات الصغيرة، التي بَقِيت وحدها غير ملطخة بالسنوات الفظيعة؟

ماذا بإمكاني تعليمكم إذن؟ هل سأخبركم كيف يتم سحب فتيل قنبلة يدوية، أو كيف تقذفونها بأفضل طريقة على الإنسان؟ وهل سأبيّن لكم كيف تطعنون رجل بحربة، وكيف يمكن إسقاطه بضربة هراوة، وكيف يمكن ذبحه بمسحاة؟ هل سأشرح لكم عن أفضل الطرق عن تصويب بندقية نحو أعجوبة لا يدركها العقل البشري مثل صدر يتنفس أو قلب ينبض؟ هل سأشرح لكم ما هو مرض الكزاز؟ وما هو العمود الفقري المكسور؟ وما هي الجمجمة المحطمة؟ هل سأُمثّل أمامكم كيف يتأوه رجل أصيب بجرح في معدته؟ أو كيف يتغرغر رجل أصيب بجرح في رئته؟ أو كيف يصفِر بحدّة شخص أصيب بجرح في رأسه؟ فأنا لا أعرف أكثر من هذا. ولم أتعلم أكثر منه.

هل سآخذكم إلى الخريطة الخضراء الملونة هناك، وأحرك إصبعي فوقها وأخبركم أن الحب قد قُتل في هذا المكان؟ وهل سأشرح لكم أن الكتب التي توجد بين أيديكم ما هي سوى شِراك، قام الناس بصنعها لتكون فَخّاً لنفوسكم البسيطة، ولكي تَعْلَقوا بمتاهات التعابير الجميلة وبالأسلاك الشائكة للأفكار المزورة؟

وها أنا واقف هنا أمامكم، كرجل ملطّخ ومذنب ولا يسعني إلا أن أناشدكم لتبقوا كما انتم، وأتمنى أن لا تعانوا أبدا من استغلال نور طفولتكم الساطع وتحويله إلى لهيب متطاير للكراهية. ولعل طلعتكم البهية تستمر في إشعاعها لعبير البراءة. فكيف سأحسب نفسي معلما مؤهلا لتعليمكم؟ فأنا أحمل في جعبتي السنوات الدموية التي ما تزال تلاحقني. فكيف إذن سأجازف معكم وأدرّسكم؟ ألا يجب عليّ أولا أن أعود طفلا مرة ثانية؟

أني أحسّ بتشنج آخذ بالانتشار في داخلي، كما لو أني أتحول إلى حجر، وكما لو أني أتداعى تدريجيا. . . . فوقفت. وقلت بصعوبة: «أيها الأطفال، يمكنكم الذهاب الآن، فلا يوجد دوام في المدرسة اليوم.»

فنظر الأطفال إليّ من أجل التأكد بأني لست مازحا. فأومأت إليهم برأسي بالموافقة مرة أخرى، «نعم هذا صحيح - اذهبوا والعبوا اليوم - كل اليوم. اذهبوا والعبوا في الغابة، أو مع كلابكم وقططكم، ولستم بحاجة إلى العودة حتى الغد.»[5]

حاول أنت الآن القيام بشيء مماثل في أحد الفصول الحقيقية،

فسوف يجري استجوابك بالتأكيد، إن لم يفصلوك من عملك. إلا أن النقطة المهمة في الموضوع، كما يوضح ريمارك، ليست الحدث بحد ذاته. فما هو مهم هنا هو أن الروح الذي فقده عصرنا كليًا قد لمس قلب إنسان. فعندما تواجه الإنسان مع البراءة والضعف والصدق والعفوية أدرك أن الرد المناسب الوحيد هو التحلي بالتوقير والتعامل الوقور مع الأولاد.

ويمكن لفهمنا للتوقير أن يغيّر نظرتنا عن العالم وعن مهمتنا فيه. إذ بمقدور هذه الكلمة البسيطة أن تساعدنا على الحفاظ على حياتنا خالية من تشابكات الأمور السيئة التي قد تحاول جرنا إلى الحضيض. ولما كان المستمعون الصغار يراقبون كل حركة من حركاتنا، فبإمكاننا أن نصير لهم نموذجا للنزاهة والاحترام. فيمكننا ارتداء ثياب بأسلوب مهذب يعبّر عن قيمتنا الروحية، بدلا من الحطّ من مكانتها. وينبغي أن لا نقصف الأطفال الصغار بمعلومات مكشوفة عن الحياة الجنسية والإنجاب، وإنما يمكننا السماح لهم بالنمو وفقا للسرعة التي يحتاجونها في فهم معنى أن يكون الإنسان كائنا بشريا، وأيضا الإجابة على أسئلتهم بصدق وببساطة متى ما طرحوها.

ويمكننا تقديم مثال صالح عن العلاقات الصحيحة. فقد تعلمت أهمية هذا الموضوع من والديّ، اللذين كانا يختلفان أحدهما مع الآخر أمام الأطفال، لكنهما كانا دائما ينهيان النقاش بضحكة وبعناق. ورأيت أن والدي لم يستحِ من إظهار الحنان والمرونة والانكسار لوالدتي ولا من دعمه لها بكل شجاعة ولا من تأييد توجيهاتها المترفِّقة. وكان زواجهما المبني على الوفاء والاحترام مثالا لجميع الذين عرفوهما.

وعندما نتحلّى بموقف فيه توقير لحياة كل إنسان، فسوف تمتلئ قلوبنا بالرأفة أيضا، ونبدأ بتعليم الآخرين على تثمين قيمة

التوقير. ويمكن للأطفال أن يتعلموا التجاوب بالمشاعر والتعاطف مع الآخرين حتى لو حجَّرت الظروف قلوبهم وجعلتهم منغلقين، وما أحلى مشاهدة حدوث ذلك وهم يتجاوبون فعلا ويحسّون بمشاعر الآخرين. وهذا ما اكتشفته ميري جوردون Mary Gordon عندما أسست جذور التعاطف Roots of Empathy، وهو برنامج يتضمن إدخال أطفال رُضَّع في صفوف مدرسية ليقضوا وقتا مع تلاميذ المدرسة، فكان له تأثيرات عجيبة في التقليل من ظاهرة البلطجة، وزيادة تفهُّم الآخرين، وازدياد عنصر الرعاية عندهم. فها هي تكتب:

لم يسبق لي أن أرى طفلا كبير العمر في برنامج جذور التعاطف مثل الطفل دارين Darren. فقد كان في الصف الثامن ورسب مرتين فيه. وكان أكبر بسنتين من جميع التلاميذ الآخرين في صفه، حتى أن لحيته أخذت بالظهور. وعلمتُ بقصته: فقد تمّ قتل أمه أمام عينيه عندما كان في الرابعة من عمره، وعاش منذ ذلك الحين في سلسلة من بيوت عائلات تقدم الرعاية للأطفال. وكانت ملامح دارين مهدِّدة لأنه أرادنا أن نعرف بأنه كان شرسا: فقد حلق شعر رأسه ما عدا خصلة على شكل ذيل حصان في أعلى رأسه، وكان لديه وشم على الجزء الخلفي من رأسه.

وكانت المرشدة من برنامج جذور التعاطف تشرح يومذاك للصف حول موضوع الاختلافات في المزاج. ثم دعت أمّا شابة كانت تزور ذلك الصف مع طفلها الرضيع اِيفان Evan البالغ من العمر ستة أشهر لتحكي للصف عن مزاج طفلها. وعندما شاركت الأم في النقاش أخبرت التلاميذ عن مزاج طفلها اِيفان ورغبته في الجلوس بعكس الاتجاه لتوجيه

وجهه إلى الخارج عندما تحمله في حمالة الأطفال الرضَّع، التي هي مقعد محمول يرتديه البالغون لحمل طفل رضيع قريب من جذعهم، وأخبرتهم أيضا عن عدم رغبته في أن يحضنها، وعن أمنيتها الشخصية لأن يزداد حب طفلها في أن يحضنه الناس. وعندما انتهى الدرس، سألت الأم فيما إذا كان هناك أي تلميذ يريد أن يجرب ارتداء حمالة الطفل بنفسه، التي كان لونها أخضر ومنقوش عليها زخرفة وردية.

واندهش الجميع عندما عرض دارين نفسه ليحاول ذلك. وفيما سارع التلاميذ الآخرون للاستعداد لتناول طعام الغداء، قام دارين بربط الحمالة عليه ولبسها. ثم سأل: «هل يمكنني وضع اِيفان في الحمالة؟» أما الأم فكانت متخوفة بعض الشيء، لكنها مع ذلك سلمته الطفل، فوضع دارين اِيفان في الحمالة بحيث كان وجه الطفل نحو صدره. فاستكن ذلك الطفل الصغير الحكيم وركن في حضنه، وأخذه دارين إلى زاوية هادئة من الغرفة وصار يتأرجح يمينا ويسارا لعدة دقائق والطفل بين ذراعيه وحضنه. ثم عاد أخيرا إلى حيث الأم والمرشدة منتظرتين وسألهما: «لو لم يرَ الإنسان أية محبة في حياته على الإطلاق، فهل تعتقدان بأنه يمكنه مع ذلك أن يكون أبًا صالحا؟»

لقد زُرعت بذرة هنا. فهذا الصبي، الذي شهد أشياء لا ينبغي أن يشاهدها طفل، الذي اتسمت حياة طفولته بأنه كان متروكا ومنبوذا، الذي كان يعاني من عدم تلقيه لأية محبة تُذكر من الوسط الذي تربى فيه ولغاية سن الرابعة عشرة، قد شهد الآن بصيصا من الأمل. فمن خلال هذه اللحظات التي التقى فيها مع مودة الطفل الخالية من أي

انتقاد أو إدانة، تجلّى للصبي في سن المراهقة صورة عن نفسه كوالد، صورة تتعاكس مع طفولته الخالية من المحبة. وربما غيّر الطفل الرضيع مسار مستقبل هذا الشاب وذلك بالسماح له برؤية الإنسانية التي في داخله.[6]

يمكننا التحدث عن الرحمة. إلا أنها تصبح في الغالب حقيقية لنا عندما نتطوع مع أولادنا في الخدمة في المطابخ الخيرية أو أولمبياد المعاقين عقليا، أو أخذهم في زيارة لمركز رعاية كبار السن أو لمستشفى. وكلما زاد ترددنا على هذه الأماكن نما التفهُّم في قلوب الأطفال. وسوف يستجيب الأطفال من كل قلوبهم، بدلا من أن يردّوا على الناس الذين يرونهم هناك بتخوّف أو بمشاعر التأسُّف والحزن على سوء الحظ، وسوف يُزرع الاحترام تلقائيا في نفوسهم بعدئذ. وتحكي لينا Lena، وهي معلمة وكاتبة، عن تجربة أسرتها فتقول:

> لا نحتاج إلى تعقيد الأمر، لكن من المهم جدا تعليم الأطفال على كيفية معاملة الجميع باحترام. فلو لم نريهم الكيفية العملية فلن ينفع كم مرة نوصيهم بذلك.
>
> عندما كنا نعيش في دولة المكسيك، كنت أعمل في توزيع الأدوية للمرضى في الأحياء الفقيرة جدا حيث بيوتها مبنية من صفيح التَّنَك أو ورق المقوى وتسمى أحيانا بالبيوت القصديرية. وكانت تلك الأحياء واقعة على تلال خارج العاصمة. وبالإضافة إلى ذلك، كنت أزور الناس هناك. وصادف في أحد الأيام أن أولادي كانت لديهم عطلة مدرسية، فأخذتهم معي إلى تلك الأحياء الفقيرة. وكلما زرنا أحد البيوت فيها، أرادوا تقديم شيء ما لنا، مثل مشروبات غازية

دافئة أو علبة عصير. فتمكن الأطفال من رؤية أن مضيّفينا يقدمون أفضل ما عندهم. فأخذوها مع كامل التقدير.

فأريد لأولادي أن يكونوا قادرين على أن يعاملوا أي إنسان بكرامة وباحترام، مهما كان غنيّا أو فقيرا. وهناك قول مأثور في المكسيك يقول: «الأصدقاء أفضل من المال.» وبإمكان أولادي الآن رؤية الحقّ في ذلك القول.

في يومنا الحاضر، يسمع الأطفال الصغار أيضا عن العديد من الأحداث المهدِّدة، بدءا من أعمال الإرهاب وإلى اشتعال الحروب وإلى ظاهرة الاحتباس الحراري وإلى توسُّع بقاع المجاعات. فيمكن لكل من هذه الأمور أن تخيف الطفل. إلا أن الإيمان البسيط للطفل في قوة الخير يمكن هنا أن يحوّل بسرعة هذا الخوف إلى ثقة واطمئنان ورغبة في تقديم خدمة ما إلى الآخرين - لأن إيمانه البسيط يقول له أن المحبة والرحمة أقوى من الكراهية أو اللامبالاة. وقد وجدت هذا الإيمان عند الأطفال في جميع أنحاء العالم، بغض النظر عن دينهم. إلا أنه من الضروري أن يرعاه الآباء. وعندما نخبر أطفالنا بأن الله الذي خلق العالم يحب كل واحد منهم شخصيا، فإننا نعطيهم بذلك يقينا تاما بأنه مهما يحدث، فهم ليسوا وحيدين أبدا.

وباعتباري قسيسا، أرى أنه على الرغم من أن اسم الله واسم يسوع المسيح أصبح ذكرهما «ممنوعا» في الفصول الدراسية في المدارس العامة بحسب تشريعات البلاد، إلا أن المعلمين ينبغي أن لا يخافوا أبدا من أن يعيشوا إيمانهم، حتى لو كان بدون كلام، بل حتى أن يدعوا إيمانهم أن يرشدهم في تفاعلاتهم الاجتماعية اليومية مع الأطفال. فيمكننا التسليم بوجود شرارة سماوية من الحياة الأبدية تعيش في كيان كل طفل ويمكننا حمايتها، لأن روح كل طفل روح

فريدة تحتاج إلى أن نتعامل معها بتوقير واحترام، حتى لو كان الطفل مُتعِبا أو غير سعيد. وينبغي احترام إيمان الأطفال الذي عندهم ودعمه. فلو كانوا يؤمنون بأن الله يرى كل شيء، أو أن ملاكهم الحارس يحفظهم، أو أن يسوع المسيح صديقهم، لساعدهم ذلك على الصمود بوجه الضغوط السلبية التي تغمر ثقافتنا ومجتمعاتنا.

هناك جانب آخر من جوانب الحياة يجب تقديمه بكامل التوقير إلى الطفل. فبالنسبة إليّ، لا يمكن التعبير عن سرّي الولادة والموت إلا على أساس الحياة الأبدية. ولا يعود هذا بسبب تربيتي، وذلك لأن والديّ عاشا إيمانهما أكثر مما تكلما عنه. وإنما بسبب ما أحسست به شخصيا في بعض الأحيان وبوضوح تام عن شيء أعظم بكثير من مجرد كلام، وذلك بفضل إنسان لم ينطق بتاتا أية كلمة. وقد رأيت كيف أن أقصر عمر في الوجود لطفل وليد يمكن له أيضا أن يغير حياة كل الذين من حواليه.

لقد توفيت شقيقتي الصغيرة ماريان Marianne عندما كنت في السادسة من عمري. وكانت أسرتي تنتظر قدومها بفارغ الصبر. وقد ولدت بعد أن مرّت والدتي بأكثر من ستين ساعة من آلام الولادة والمخاض وكانت على حافة سكتة قلبية قاتلة. ونجاتها من عملية الولادة كانت معجزة حقا في تلك المستشفى البدائية لإحدى القرى في دولة باراغواي. غير أن الطفلة الوليدة كانت في حالة صحية حرجة، ولم تعِش سوى أربع وعشرين ساعة. ولمّا كنا نسكن بعيدا عن المستشفى، ولم يكن عمري سوى ست سنوات آنذاك، لم أكن قادرا على رؤية أو لمس أو حمل شقيقتي الصغرى مطلقا. غير أنني أحسست مع ذلك بهذه الخسارة طوال حياتي. وأصبح الأمر مع مرور الوقت أكثر أهمية بالنسبة إليّ لأن أتذكر بأن ماريان كانت – وما تزال – جزءا حقيقيا من حياتي ومن أسرتي. وعلى الرغم من أنها

لم تكن هنا على هذه الأرض سوى يوم واحد، إلا أنها سوف تبقى شقيقتي دائما.

وشهدتُ بعد سنوات لاحقة ازدياد وضوح هذا الرابط مع السماء أكثر من قبل بفضل طفل آخر، وهي حفيدتي ستيفاني جين Stephanie Jean التي ستبقى في قلبي لبقية أيام حياتي. فعندما ولدت ستيفاني، عرفنا على الفور أنها كانت طفلة معاقة جدا بتشوهات كبيرة. وتم تشخيص حالتها بأنها مصابة بمرض يدعى متلازمة باتو أو تثلث الصبغي 13 «Trisomy 13» وهو اضطراب جيني يتميز بقصر العمر. إذ يموت معظم الأطفال الذين يولدون مع هذا الاضطراب في غضون أيام قليلة.

كان لستيفاني ثلاث أخوات وأخ واحد. فأخذوا يصارعون نفسيا في محاولة لكي يفهموا لماذا لم يجلب والداهم إلى البيت ذلك الطفل السليم الذي اشتاقوا إليه جميعهم، بل جلبا لهم عوضا عنه طفلا معاقا للغاية ولم يكن ليعيش طويلا. وصلينا كلنا بلا انقطاع من أجل أن تتم إرادة الله في حياتها، ومن أجل أن نفهم معنى ولادتها.

وعشنا أعجوبة حملها بين أذرعنا يوميا تقريبا، أنا وزوجتي. وعاشت ستيفاني لمدة خمسة أسابيع، وعندما جاءت ساعتها، رقدت بسلام. ولم نصدق عدد الناس الذين حضروا مراسم دفنها. فقد سمعوا كلهم بولادتها ومرضها، وأثّرت فيهم بعمق. فأرادوا المشاركة في هذا التعبير الأخير من المحبة لطفل صغير كان ينتمي بطريقة أو بأخرى إلى الجميع.

وجاء الناس من جميع أنحاء الحيّ ومن خارجه أيضا، مثل: عمال البناء، ومعلمو إخوتها وتلاميذهم، ورجال السلطة التنفيذية للمقاطعة، ومدير الشرطة المحلية، وغيرهم من أوساط قوات حماية القانون. وعندما صار الناس يجرفون التراب بالمعاول اليدوية إلى

قبرها الصغير، أراد كل من هؤلاء الأصدقاء والجيران أن يأخذ دوره في هذه الخدمة، في بادرة لا تُنسى من الوقار. والأمر العجيب هو كيف لمست هذه الفتاة الصغيرة في مثل هذا الوقت القصير نفوس الكثير من الناس وكيف أثرت في حياتهم.

فلم يتم نسيان حفيدتي. وهي بمثابة شعاع نور من السماء ما يزال يعمل في نفوس الناس ويغيّر حياتهم. ومأ أزال أنا وزوجتي نشكر الله ونحمده على أنه وهبها لأسرتنا، ولكل من التقته.

وهناك العديد من الأطفال الآخرين مثل ستيفاني. فأن كل طفل في نظري هو جزء من خطة الله الذي لا يخطئ. فعندما يكون الطفل معاقا، تكتسب حياته أهمية خاصة. ومتى ما نصادف مثل هؤلاء الأطفال، نحتاج إلى إيلاء الاهتمام. فلديهم أشياء مذهلة لتعليمنا عن الثقة والمحبة غير المشروطتين.

وفي الوقت الذي غالبا ما يتم تقييم الناس على أساس قيمتهم، أو ذكائهم، أو جاذبيتهم، فهناك العديد من المنبوذين أو غير المقدرين، لكن لو أحببنا الأطفال حقا، فسوف نرحب بهم جميعا. وكما قال يسوع الناصري: «وَمَنْ قَبِلَ وَلَداً وَاحِداً مِثْلَ هَذَا بِاسْمِي فَقَدْ قَبِلَنِي.»

وعندما كنت شابا في سنّ المراهقة، شرّفني لعدة مرات لقاء دوروثي داي Dorothy Day، وهي الشخصية الأسطورية من دعاة السلام التي أسست حركة العمال الكاثوليك Catholic Worker في الولايات المتحدة الأمريكية، وشرفني أيضا المشاركة معها في بعض المناقشات المثيرة للتفكير. أما في أيام حياتها السابقة غير الملتزمة، فكانت قد أجهضت طفلها، غير أنها أنجبت لاحقا وبعد عدة سنوات بنتها تمار Tamar، وتأثرت دوروثي كثيرا حينها فكتبت تقول: «يكتنف الإنسان العجب ويقف بمهابة أمام حقيقة الخلق المذهلة. ومهما تعامل بسخرية خبراء شؤون الحياة مع ولادة طفل أو اعتقدوا

أنها مجرد مسألة مصادفة عرضية، تبقى الولادة حدثا هائلا روحيا وجسديا.»[7] لقد غيّرت ولادة تمار حياة والدتها، وبالحقيقة، فأن كل طفل لديه هذه القوة التي تغيّر قلوب الآخرين. ولولادة طفل ميت أو وفاة طفل صغير السن القوة المؤثرة ذاتها.

وفي وسع جميعنا إظهار المحبة والاحترام للأطفال الذين في رعايتنا سواء كنا مؤمنين بالله أو غير مؤمنين به. فسيعمل هذا بدوره على إيقاظ حسّ الوقار الفطري فيهم – نحوهم شخصيا كأفراد فريدين وكذلك نحو الآخرين، فسوف يحسون بأن الآخرين أعزاء عليهم كعزة نفسهم وبأنهم أشخاص فرائد لا نظير لهم. وسوف يفهمون بحقّ عندئذ هدفهم ومسؤوليتهم في العالم.

الفصل العاشر

الغَدُ آتٍ

لا نأمل بسوى تقديم نصيحتين دائمتين ليحفظها أولادنا: الأولى أن يكون لهم جذورا والثانية أن يكون لهم أجنحة.

قول من هنري وارد بيتشر Henry Ward Beecher

مصلح اجتماعي أمريكي من القرن التاسع عشر ومنادي بتحرير العبيد وقسيس (ترمز الجذور إلى معرفة القيم التي تربوا عليها في البيت، والأجنحة إلى الثقة بالنفس لممارسة ما تعلموه عندما يغادرون البيت)

لا توجد فرحة مثل فرحة مشاهدة الأطفال يكبرون، ورؤية نمو شخصياتهم والتساؤل عما سيكونون عليه عندما يكبرون، لكن ما دامت مسؤولية رعاية وتربية الأطفال ملقاة على عاتقنا، فلن يحق لنا نسيان واجباتنا عن الإيفاء بمطالب تربيتهم في الوقت الحاضر. فاسمهم اليوم. فكل ما يحتاجه الأطفال فيما يخص الإرشاد، والأمان، والمحبة، فهم بالحقيقة يحتاجونه الآن. لأنه سرعان ما يحين وقتهم بالطيران لوحدهم، عندئذ لن يمكننا منعهم من ذلك.

ويوضح الأديب والمفكر جبران خليل جبران هذه الحقيقة القوية بهذه القصيدة النثرية من كتاب النبي The Prophet، ترجمة

د. ثروت عكاشة، الفصل الذي بعنوان الأطفال. ويرمز الرامي فيها إلى الله والقوس إلى الوالدين والسهام إلى الأطفال، فيقول:

أنتم الأقواس، منها ينطلقُ أبناؤكم سهامًا حيَّة.
والرّامي يرى الهدَفَ قائمًا على طريق اللانهاية،
ويشدُّكم بقدرته حتى تنطلق سهامُه سريعة إلى أبعد مَدى.
وليكن انحناؤكم في يد الرّامي عن رضاً وطِيبِ نَفْسٍ؛
لأنه كما يُحبُّ الرّامي السَّهم الطائر،
كذلك يُحبُّ القوْسَ الثابتة.[1]

فكم يتوق كل سهم حيّ إلى السفر بصورة «سريعة إلى أبعد مَدى»! وكم يجب على كل والد ووالدة أن يبذل جهوده لكي يبقى قوسا ثابتا. فالأمر ليس هيّنا وسهلا عندما نقوم برعاية الأطفال حتى لو كانت رعاية طفل واحد، فتتضمن إرشاده خلال تلك السنوات التكوينية الأولى، ومساعدته في توجيه دفّته نحو الاتجاه الصحيح عند الإبحار خلال هيجان سنين المراهقة، ومن ثم توجيهه نحو مسؤوليات مرحلة الرشد. ويبدو أن هناك مخاطر في كل جانب من هذا الطريق. وفي محاولة الآباء للحفاظ على قوسهم ثابتا، فتراهم يزيغون زيادة عن اللزوم إما في هذا الاتجاه وإما في ذاك، حتى لو كان الوالدين من أكثر الآباء تفانيا.

وقد أخبرني اِيد Ed، وهو مرشد مدرسي في التوجيه التعليمي، بأن من بين الطلاب المراهقين الذين تَعامَل معهم، كان هناك من انزلقوا عن قيم والديهم أسرع وأبعد من أقرانهم الآخرين، وذلك لأنهم كانوا محميين أكثر من اللزوم ولم يحصلوا على فرصة للطيران (أي مغادرة البيت)، فيقول:

تظاهر أحد الشباب المراهقين واسمه نِك Nick بأنه كان يسمع كلام والديه طوال مدة المدرسة الثانوية: فقد كان طفلا نموذجيا - مهذبا وطيبا. غير أني أتمنى لو رأيتموه بمجرد إكمال دراسته الثانوية ومغادرته للبيت وانتقاله إلى شقته - فأخذ يشرب كثيرا، واستحوذ عليه الجنس، وأصبح غير قادر كليا على السيطرة على نفسه.

وهناك طالبة أخرى اسمها كارا Cara، أحسّت بأن والديها لم يهتما بها شخصيا كإنسانة، بل سوى بأسلوب جوابها عليهما كوالدين. وأبقت تمردها في طيّ الكتمان في معظم الأوقات، ولكنها مع ذلك كانت تشتعل غضبا آنذاك. وكانت مقتنعة بأنها لن تتطابق أبدا مع الشخصية المثالية التي يحلمون بها عن فتاة «لطيفة،» وكلما زادت صرامة تعاملهما معها، اشتد جوابها حدة عليهما. وهربت أخيرا من البيت لتعيش مع أقاربها في ولاية كاليفورنيا، وأخبرتهما بأنها لا تريد أي اتصال آخر معهما ثانية.

نرى في كلتا الحالتين أعلاه، أن جهود الأهالي لمحاولة تربية ولديهم بنجاح باءت بالفشل الذريع لأن آباءهما حرموهما من فرصة ارتكاب الأخطاء. ففي حالة الشاب نِك، كان النمط تقليدي: فذلك الولد المهذب بعناية خضع لوالديه طوال المدة التي كان ينبغي له أن يطيعهما، لكن حالما سحبته الظروف من سيطرة والديه، لم يكن بوسعهم فعل أي شيء - ولم يكن بوسعه هو أيضا أن يفعل الكثير، وذلك لافتقاره إلى أساس قوي يقف عليه. أما في حالة الفتاة كارا فكانت المشكلة مألوفة أيضا: فعندما نسِيَ الوالدان أن طفلهما كان فردا قائما بحد ذاته، صارت تصرفات الوالدين تعكس ميول الأهل

لتملُّك الطفل أكثر من الاهتمام الصادق به، وانتهى الأمر بهما بأن يحاربان الاحتجاجات المُبَرَّرة والمفهومة لبنتهما التي رفضت أن تكون مملوكة.

فما هو البديل؟ الجواب بكل بساطة هو: الحرية. ووفقا لما قاله جدي: «أن ما يعطي الطفل طبيعة واثقة في حالات الخطر هو الثقة في الرعاية الإلهية الساهرة الأكبر من طاقتنا البشرية وليس الإفراط في الحماية من جانب الأشخاص الكبار القلقين. ففي الحرية تكمن أفضل حماية للطفل.»[2]

لا تعني الحرية رخصة ليفعل الولد كل ما يشاء. فقبل كل شيء ينبغي أن نستقي العبرة من الموضوع، فبطبيعة الحال نحن أحرار لنقود السيارة بعكس اتجاه المرور في الشارع، لكن ما الثمن الذي سندفعه؟ أن رغبة الشباب في الاستقلالية والاعتماد على الذات أمر طبيعي جدا، لكن مع ذلك يجب تعليم الأولاد على أن هنالك مسؤوليات مترتبة عليها دائما. ولو لم نعطِ المراهقين أية إرشادات فمعناه أننا نجرّ على أنفسنا المتاعب حتى لو كان الولد من أنضج المراهقين الشباب. وهذا الإهمال له أضرار كما تُبيّن لنا الحكاية التالية التي تحكيها إحدى الأصدقاء واسمها جين Jean:

لقد نشأتُ في أسرة متساهلة جدا. وكان هذا مقصودا من جانب والديّ. وذلك لأن والدتي عاشت قمعا أثناء نشأتها، فقرر والداي أن يربيا أولادهما تربية مختلفة.

وأراد والدي أن أعرف أنه «لا يوجد شيء يدعى حقيقة مطلقة،» وكان يمقت الناس الذين كانوا من أصحاب العقول الضيقة. وشرح لي مرة وجهة نظره بالطريقة التالية: إذا كان يجري بناء جسر جديد يربط منطقتي بروكلين ومانهاتن في

ولاية نيويورك، فهو شيء رائع بالنسبة إلى الأشخاص الذين
يسوقون عجلاتهم على الجسر ولكنه رهيب بالنسبة إلى
أولئك الذين وجب عليهم التخلي عن منازل عائلاتهم لجعل
بناء الجسر ممكنا. فكل شيء نسبي، جيد بالنسبة إلى بعض
الناس، وسيء إلى البعض الآخر.

وكانت الطريقة المتبعة في حياتي هي أن أفعل كل ما
يحلو لي. وقال والدي لي: «عندما تلمسين الموقد ستعرفين
حرارته. لذلك سوف تتعلمين عن الحياة من خلال تجاربك.»

ولم يتوقعا مني المساعدة في أي شيء من الأعمال
المنزلية الروتينية. وغالبا ما كانت والدتي تتشكى كثيرا من
الفوضى الموجودة في غرفتي، لكنهما لم يفعلا أي شيء لتغيير
الوضع. وأتذكر مرة عندما أعلنت مغادرتي للمنزل، فقال
والدي: «حسنا، سأساعدك في حزم أمتعتك.»

لا أنكر بعض الأشياء الرائعة في طفولتي؛ إلا أن المشكلة
أن بيتنا لم يقدِّر تقديرا كبيرا مفهوم البراءة الطفولية. فلو
شئت البقاء خارج البيت لساعة متأخرة أو لم أود المجيء
إلى البيت بتاتا في الليل، فلم تكن هناك أية مشكلة من
جانب والديّ. . . . وبحلول سن الرشد لم يكن هناك شيء قد
صادفني في طريقي ولم أجربه.

في الوقت الذي قد يعتبر العديد من المراهقين أن مثل هذا الوضع
المتساهل هو البيت المثالي، إلا أن جين تخالفهم الرأي. فالغياب الكامل
لحدود السلوك الذي من المفروض أن يرسمه الوالدان لأولادهما لم
يؤدِّ إلا إلى استفحال مشاعر انعدام الأمان لدى جين وجعلها مكتئبة.
وتبدو عليها الآن علامات الارتياب والخجل المفرط. فها هي تقول:

> لم أعرف الفرح الحقيقي. إذ كنتُ فارغة في داخلي، ومستميتة لشيء أتمسك به. وباعتباري الآن أمّا لأولاد مراهقين، فتراني ألاقي صعوبة كبيرة في مساعدتهم. ولا أريد الفراغ نفسه الذي عشته أنا أن يكون لهم. وغالبا ما أرى مدى حاجتهم إلى توجيهات واضحة، إلا أنني ببساطة غير قادرة على تقديمها لهم في كثير من الأحيان. فأنا بحد ذاتي ما أزال أبحث عن هذا العنصر الجوهري أو الأرض الصلدة لأقف عليها، فكأنني ألبث على رمال متحركة بشكل دائم.

من الواضح أن التربية غالبا ما تكون عملية موازنة، ومن السهل أن يخطئ المرء في جانب التساهل كما في جانب التسلُّط. وإليكم اقتباس آخر من جدي، فقد قال:

> لقد تربى بعض الأولاد على أسلوب حرّ سائب بشكل غير معقول، وهم - وفقا لمعاييري - وقِحون وأشقياء إلى أبعد حدّ. غير أنني أرى أن الحرية الزائدة أفضل من خوف الاِستعباد الذي يجعل من الوالدين آخر من يلجأ إليهما الولد في حاجته. . . . هنيئا للأولاد الذين لديهم أمّ يقدرون أن يفتحوا لها قلوبهم ويعبِّروا عما في نفسهم ومتأكدين دائما من أنها ستبدي تفهما لهم، وهنيئا أيضا للذين لديهم أبّ يطمئنون بقوته وبولائه لهم، بحيث يسترشدونه ويطلبون نصائحه طوال عمرهم. ويتمنى الكثير من الناس أن يكونوا مثل هؤلاء الآباء والأمهات لأولادهم، وهذا غير ممكن إلا عندما يكون لديهم ما يكفي من المحبة والحكمة.[3]

لا أدري ما كنت سأفعله بدون الثقة التي تعامل بها والداي
معي ومع إخوتي، رغم الإحباط أو خيبة الأمل التي سببناها لهما
في كثير من الأحيان. وبدلا من أن يتباعدان نفسيا مِنّا بسبب تلك
الأحداث، أو ينجرحان منها شخصيا، كان والداي يستغلانها كفرص
لتعميق علاقتنا. واعتاد أبي أن يقول لنا أمرا لن أنساه أبدا: «أُفضِّلُ
أن أحيا بالثقة حتى لو كنت معرضا للغدر والخيانة على أن أحيا يوما
واحدا في عدم الثقة.»

فليس هناك ما يقرّب الوالد والطفل تقريبا كبيرا سوى ولاء
كهذا. وعندما أتذكر المعلمين الذين كان لهم الفضل الكبير في تشكيل
حياتي، فأرى النموذج نفسه. فكان لإدراكهم بما كان يسعى في داخلي
– حتى لو لم أستطع التعبير عنه – ولفهمهم للنمو الجاري في حياتي،
الفضل في جعلي التفت إليهم بكامل الثقة والاقتناع. فكنت سأفعل
كل شيء لأجلهم.

ومن الممكن جدا مساعدة الأطفال على تخطي أغلب الصعاب
التي تواجههم بأسلوب أو بآخر وقلما يصعب عمل ذلك – فلو لم
تكن المساعدة من خلال الاستماع إليهم ومحاولة فهم سبب صمتهم
أو تمردهم أو ضيقهم، فلتكن على الأقل من خلال التسليم بالأذى
الذي أصابهم وإبداء التفهُّم لهم. أما أسلوب وضع قواعد وممنوعات
فنادرا ما يكون مجديا في مساعدة الأطفال في هذا المجال، حتى أن
المحادثات الطويلة، والأسئلة الاستقصائية، ومحاولات جعل الطفل
يتجاوب ويتكلم، لا تساعد هي الأخرى. إلا أن أسلوب الاحترام
مناسب دائما، لأنه يوحي باحترام مقابل في أغلب الأحيان. وتتذكر
صديقتنا البريطانية باربرة Barbara فتقول:

عندما كنت مرّة متضايقة ومشوشة وفي حيرة من أمري،

فإذا بوالدي يأخذ إجازة من عمله ويأخذني في مشوار طويل في الغابة، وتناولنا بعدها غداء متأخرا في إحدى الفنادق الريفية. ولم يحاول أبي أن يجبرني على الإفصاح عن سبب تضايقي، كما لم يحاول بالتأكيد أن يعطيني أي نوع من النصائح. فلم نفعل شيئا سوى أننا قضينا اليوم معا. غير أني لن أنسى ذلك اليوم أبدا. لأنه جعلني فعلا أحسّ داخليا بأنني عزيزة ومقدّرة واِعتراني ارتياح نفسي عارم.

ومررتُ في فترة لاحقة بفترة من الاكتئاب الشديد، فقام والدي بشراء تذكرتين لحضور مسرحية في إحدى مسارح لندن. ولم يصطحب أحدا سواي. . . . وعندما أتذكر تلك السنوات، فأنا متأكدة من أنه لم يكن يعرف قط كيف ولماذا كنت أتألم كثيرا نفسيا. كما أني متأكدة بأنه لم يعرف لحد الآن كم كانت هاتان المبادرتان تعنيان بالنسبة إليّ.

تُعتبر مثل هذه المحبة التي نقدمها للأطفال وللمراهقين بصورة عامة أعظم أمان نفسي يمكننا تقديمه لهم. وكما تشير ذكريات باربرة، فلا تحتاج المحبة إلى صياغتها بالكلمات.

إلا أن الكلام في بعض الأحيان مفيد جدا في بناء شخصية الولد. وأفضل المعلمين هم الذين يحفزون في داخل الأطفال دافعا ليجعلوهم يفكرون ويبحثون ويطرحون الأسئلة، مثل «لماذا؟» و «ها أنا هنا، ماذا تريدني أن أفعل؟» أما ظاهرة التماثلية وسير الجميع على ذات النمط التي نراها سائدة في مجتمعاتنا المعاصرة فلم تكن دوافعها سابقا بهذه القوة مطلقا. فنرى الآن أن الجميع يرتدون الملابس نفسها، ويتناولون الطعام في سلسلة المطاعم نفسها، ويقرؤون المجلات نفسها، ويشاهدون العروض نفسها، ويتحدثون عن فضائح

المشاهير نفسها، وعن الكوارث نفسها، وعن الأحداث السياسية نفسها. لذلك أصبحنا نشعر بأننا أسياد أنفسنا لكننا بالحقيقة أصبحنا عبيدا بالرغم من أن المجتمع يقول لنا بأن لدينا خيارات كثيرة، فهل من الممكن أن يكون لنا تفكيرنا الذاتي بعد الآن؟ ويحذر الفيلسوف والتربوي الألماني فريدريش فورستر Friedrich Foerster من مغبة الأمر، فيقول:

لو لم يكن لنا مُثُل عليا لتحصيننا ولنقتدي بها، لوقعنا بكل سهولة فريسة لغرائزنا الاجتماعية؛ أي بمعنى، فريسة لمخاوفنا من الناس، ولطموحاتنا الذاتية، ولرغبتنا الاجتماعية في طلب رضا الناس، ولجميع غرائز الجماعة والميول الأخرى التي تدفعنا إلى التصرف أو التفكير مثل الأغلبية، حيث تسمى هذه الظاهرة بثقافة القطيع، فتضعف شخصيتنا، ونقول حالنا حال الناس. فقد تفشّت حياة المجاميع والتكتلات، وحركة مرور الناس، والجمعيات التعاونية، وقوة الرأي العام، في حين تناقصت منظمات الحياة الروحية الشخصية، وتم قمع الفرد كإنسان له رأيه ومواقفه الخاصة رغم شعارات الفردانية (ذات الطابع الأناني والانعزالي) التي تدّعي بها البلاد.[4]

فلو كنا ملتزمين حقا بتنشئة الأولاد كأفراد لهم شخصيتهم المستقلة – وبتربية شباب وشابات لديهم القوة لتحدي الرأي العام – لاحتجنا إلى أن نؤمن بهذا إيمانا قويا. فكلما نحثّ الأولاد على أن يطرحوا أسئلتهم واستفساراتهم أكثر وأكثر أصبحوا في الطليعة. وبوسعنا ضم صوتنا إلى صوتهم والاشتراك معهم في البحث بكامل الغيرة عن كيفية

تغيير أحوال المجتمع وتحسينها، ونسأل معهم: «لماذا؟ ولماذا الأحوال على هذه الشاكلة، وكيف سنغيرها؟»

ويمكننا مساعدة الأطفال على إيجاد قضية لهم لتكريس طاقتهم لها. وعندما نقدم لهم فرصة معينة للخدمة والجود وبذل الذات، والتعلُّم من الآخرين والتفكير بحاجات الآخرين، فسوف يدركون بأن لديهم في الواقع شيء يساهمون به. وعلى حد تعبير الطبيب النمساوي فيكتور فرانكل Victor Frankl، فأن الأطفال سوف يصبحون على وعي بأن السؤال الذي ينبغي طرحه ليس: «ما الغرض من وجود حياتي؟» وإنما: «ماذا تطلب الحياة مني؟»[5] فالعالم بحاجة ماسة إلى التغيير الذي بإمكانهم صنعه.

هناك مفارقات في التربية: فمن جهة نربي أولادنا على المبادئ القويمة، لكن من جهة أخرى نعطيهم الحرية؛ ومن جهة نسعى إلى حمايتهم، لكن من جهة أخرى نقوم بتشجيعهم على التضحية بالنفس؛ ومن جهة نعمل على إرشادهم، لكننا من جهة أخرى نهيّئهم ليسبحوا عكس التيار وعدم مسايرة التوجهات المغلوطة السائدة - فكل هذه المفارقات اجتمعت في القصة التالية:

عندما بلغ أوفه هولمر Uwe Holmer الرابعة عشرة من عمره عام 1943م، كان هذا الشاب الوطني عضوا نشِطا في منظمة شباب هتلر المحلية (منظمة شبه عسكرية تابعة للحزب النازي). وفي أحد الأيام وجدت أمه في غرفته نسخة من مجلة «الفيلق الأسود The Black Corps» وهي مجلة قوات SS (وحدة شبه عسكرية مستقلة تضطلع بمهام بوليسية ضمن الحزب النازي). وعندما عاد أوفه إلى المنزل، أخذت أمه ما يكفي من الوقت للحديث معه، وتوسلت إليه بعدم الانضمام إلى تلك القوات. إلا أنه أجاب: «أماه، إنهم من أشرس الجنود. إنهم يقاتلون إلى آخر نفس.»

«نعم» أجابت الأم: «لكنهم يطلقون النار على اليهود وعلى السجناء السياسيين أيضا. فهل هذه هي المنظمة التي تريد أن تعيش وتموت من أجلها؟» ولم ينسَ أوفه سؤالها هذا مطلقا، أو التعابير التي كانت على وجهها.

وبعد مرور عام، في الوقت الذي كانت فيه ألمانيا يائسة من اجل إبعاد الهزيمة عنها، بدأ الجيش بقبول الشبان الذين يبلغون خمسة عشر عاما من العمر لأداء الخدمة العسكرية. وتطوع جميع الأولاد في الفرع المحلي لمنظمة شباب هتلر الذي كان أوفه ينتمي إليها والبالغ عددهم مئة إلى قوات SS. أما أوفه فرفض ذلك. فاستدعاه قائد المجموعة وأمره بالانضمام؛ وكانت استمارته كاملة ولم ينقصها سوى التوقيع. إلا أن أوفه رفض التوقيع رغم ذلك. ولهذا تم إذلاله أمام جميع أفراد المنظمة المحلية، وتم إلغاء جميع الامتيازات التي حصل عليها، ورغم ذلك أصر أوفه على موقفه، كما قال لاحقا: «أنا ممنون جدا لأمي. . . . فأن شجاعتها في مواجهتي كان لها الفضل في تعزيز قناعاتي لأعيش وفقا لما أراه صحيحا.»

وبعد انتهاء الحرب تزوج أوفه في ألمانيا الشرقية، وأصبح قسيسا، وأسس مجتمعا مسيحيا لرعاية المصابين بالصرع والإعاقة العقلية من البالغين. وبمرور السنوات تعرضت عائلة أوفه هولمر إلى مضايقات مستمرة بسبب خدماتهم الرعوية، وخاصة في ظل حكومة إريك هونيكر Erich Honecker الشيوعية. وبعد سقوط جدار برلين عام 1989م، وبعد فرار هونيكر من منصبه، لأنه كان واحدا من أبغض الرجال في أوروبا، كان أوفه وزوجته هما اللذان فتحا بابهما لهذا الطاغية العليل المحتاج إلى العلاج - رغم التهديدات بالقتل والاحتجاجات الصاخبة المستمرة أمام منزلهما.

أن أكثر الأمور إثارة للدهشة في نظري في قصة أوفه هو أن

أحداثها قد وقعت بالفعل. نعم لقد كان لديه الشجاعة لكي يتحدى السلطة، في الزمان والمكان الذي كان فيه العصيان يكلف الإنسان حياته في الغالب. وبعد عدة سنوات، وبالرغم من أنه قد تمّ إساءة فهمه وسُخِر منه، إلا أنه واجه الرأي العام في الدفاع عن رجل مهزوم لم يجد مكانا يلجأ إليه. غير أن الأعمال التي قام بها أوفه تحكي لنا الكثير عن دور التربية والقوة التي تهبها إلى الأولاد بالقدر نفسه التي ترينا مواقفه البطولية.[6]

أن أقوى نظرية تربوية تكون غير مجدية لو افتقرت إلى المحبة، بحسب أكثر الفلسفات التربوية المُبرهَنة. وفي هذا الموضوع يستهجن التربوي جينوس كورجاك Janusz Korczak المناهج النظرية قائلا:

لا يمكن لأي كتاب أو أي طبيب أن يكون بديلا عن التأمُّل الشخصي الحسّاس والملاحظات الدقيقة التي يكتشفها الإنسان بنفسه. فالكتب التي تحتوي على صيغ جاهزة أضعفت رؤيتنا واستبصارنا للأمور وشَلَّت تفكيرنا. فقد فقدنا الثقة بالنفس وترانا نفشل في ملاحظة الأمور وتقييمها بأنفسنا لأننا نعتمد في حياتنا على تجارب الآخرين وبحوثهم وآرائهم. فيجب على الآباء أن لا يحصلوا على الدروس والعبر من الكتب، بل من خبراتهم الذاتية.[7]

يجب أن يتردد صدى هذه الفكرة البسيطة في أذهان جميع الآباء والأمهات والمعلمين. فبالرغم من الجهود الكبيرة المبذولة على وضع مناهج مدرسية كثيرة التفاصيل إلا أنها لن تفيد ذاك الطفل الذي يشعر بأنه ضائع أو منسي أو مكروه. فبالعكس، فبمقدور أصغر عمل للمحبة وبمقدور مشاعر الثقة التي نقدمها للطفل أن تحمله عبر أكثر

طرق الحياة صعوبة.

هناك الآلاف، في الولايات المتحدة لوحدها، وربما الملايين من الأطفال الذين لا يتلقون الحنان الذي يستحقه كل طفل؛ الذين ينامون جياعا ووحيدين ويشعرون بالبرد؛ الذين لا يعرفون الكثير عن محبة الوالدين الحقيقية على الرغم من أنهم يسكنون مع الآباء والأمهات الذين أنجبوهم. وبالإضافة إلى ذلك العدد، فهناك أولئك الأطفال المحرومين من المحبة بسبب الدوامة الفظيعة للفقر والجريمة التي تجعل من مصير الأب أو الأم أو كليهما وراء القضبان.

أن صفة الحِطام التي غالبا ما صارت ملاصقة للحياة الأسرية يمكن أن تأخذ الناس إلى اليأس والشعور بالعجز ويقولون أن كل شيء مقدّر علينا، لكن لماذا ندع هذا التشاؤم بأن يكون له الكلمة الأخيرة والقرار النهائي؟ فتكتب دوروثي داي Dorothy Day بهذا الشأن قائلة:

أن شعور الإنسان بعدم جدواه واحد من أعظم الشرور ليومنا الحاضر. . . . ويقول الناس: «ماذا بوسع شخص واحد أن يفعل؟ وما فائدة جهودنا الصغيرة؟» فأنهم بهذا لا يستطيعون رؤية أن البناء لا يقوم إلا على وضع حجرة حجرة، والسير خطوة خطوة؛ فلا يمكننا أن نكون مسؤولين سوى عن عمل واحد للحظة الحاضرة.[8]

أن هذا الكلام يرسم صورة في مخيلتي. فأتخيل غرفة مظلمة مليئة بالناس، ويحمل كل واحد منهم شمعة غير مشعولة. ومن ثم يدخل شخص ومعه شمعة مضيئة ويبدأ بإشعال الشموع القريبة منه. ثم يلتفت كل شخص إلى الآخر، فيتقاسمون النور. وفي غضون لحظات

تصبح الغرفة كلها متوهجة.

أن هذه الصورة تعكس في نظري ما يفعله المعلمون عام بعد عام، من دون ضجة كبيرة أو طبطبة على الظهر. فيشعلون شموعا لا تلبث طويلا حتى تتوارى عن أنظارهم. وسوف يتساءل المعلم الجيد عن مصير النور الذي في كل شمعة، أو يصلي لأجل أن تبقى مشرقة أينما كانت. فينبغي أن نثق بأن هذه الأنوار ستستمر بالانتقال إلى خارج نطاق الأولاد، وبأنه عندما تنطفئ إحدى الشموع، فسوف يمدّ شخص آخر نوره لإيقادها ثانية. وقد يشاهد الوالدين بضعة شموع تتوارى عن الأنظار. أما المعلمون فينتقلون من أنوار سنة إلى الاستعداد لتحضير لهيبهم للسنة المقبلة. وهذا يتطلّب مُدّخَرات هائلة من الطاقة والمحبة.

وأنا شخصيا أتقدم في السن؛ وحياتي تقترب من نهايتها، لكن لا تزال لدي رغبة كبيرة لتسخير ما تبقى لي من قوة لمساعدة أي شخص تصله يدي، لاسيما الأولاد. وبسبب عملي في المدارس لأكثر من أربعين عاما، وتقديم المشورة للعديد من الأسر التي تصارع الكثير من الصعوبات، وكذلك تقديم المشورة للمحاربين القدامى والسجناء، فقد رأيت الكثير من المعاناة البشرية والمآسي. وفي أغلب الأحيان تبدأ جذور هذه المعاناة في مرحلة الطفولة.

ورغم ذلك، فقد شهدتُ في بعضٍ من أسوأ الحالات، أن الناس المحطمين يتحسّنون وينهضون من وضعهم البائس لإصلاح الماضي، ويطلبون الصفح عن الآلام التي سببوها للآخرين، ومن ثم سامحوهم بدورهم عن الأذى الذي لحق بهم. إلا أن أقوى صراع روحي لهم على الأكثر هو مسامحة أنفسهم. وعلى مر السنين، فمن المدهش رؤية العدد الكبير من الناس الشجعان الذين تغلبوا على ظواهر سلبية في حياتهم مثل العنف أو سوء المعاملة أو الإدمان على الكحول

ومن ثم إعطاء أطفالهم ما لم يعطوه إياهم سابقا!

ومقابل كل قصة تنتهي بنهاية سعيدة، هناك قصة غيرها مفجوعة. فهي كما لو أن أذرعنا ليست قوية بما فيه الكفاية لسحب هؤلاء الناس إلى بر الأمان، حتى لو حاولنا بكل ما لدينا من قوة لكن بلا جدوى. ومن المؤكد أن هؤلاء الناس كان بالإمكان رفعهم إلى أرض آمنة بسهولة أكبر لو كان هناك من يساعدهم على ذلك في مرحلة طفولتهم.

فلو كان قسما صغيرا منا على استعداد لتكريس طاقته ووقته لمساعدة طفل واحد معرّض للخطر فسوف ينقذ على الأرجح الكثير منهم. فتشبه العملية أي عمل من أعمال المحبة، فلن تذهب سدى أبدا، حتى لو كانت من أصغر أعمال المحبة، وأقلها أهمية. وقد تكون صغيرة بمفردها، أما جنبا إلى جنب مع الأخريات فقد يكون لها القدرة على تغيير العالم.

ومهما كان تعريف الطفولة، فهناك شيء واحد له دور ثابت فيها: فالطفولة هي المكان الذي تتجمع فيه الذكريات الأولى للحياة التي لا يمكن محوها – وهي الإطار الذي لا يمكن تغييره الذي يضم كافة التجارب التي تصاحبنا عبر الحياة. وعليه، فان مهمة تنشئة أولادنا في نهاية المطاف هي ليست مسألة لعب دور الأبوة بشكل مؤثر وناجح فحسب، ولا هي حتى أن يكون لك مجرد مجموعة من الأفكار أو النظريات أو المثل التربوية العليا. فأهم شيء في التربية هو تقديم المحبة للأولاد، التي لها القدرة على إيقاظ المحبة نفسها في المستقبل لخدمة الآخرين. كما يذكّرنا بذلك الروائي الروسي الشهير دوستويفسكي Dostoyevsky في الصفحات الأخيرة من رواية «الإخوة كارامازوف»[9] فيقول فيها:

يجب أن تعرف أنه لا يوجد شيء أسمى وأقوى وأنفع من الذكريات الطيبة التي تفيد الحياة في المستقبل، لاسيما ذكريات الطفولة والأسرة. ويتحدث الناس كثيرا عن أهمية التربية، لكن بعض من الذكريات الطيبة والمقدسة المحفوظة منذ الطفولة قد تكون هي التربية الأفضل. فلو بقيتْ في قلب الإنسان مجرد ذكرى طيبة واحدة، لاستطاعت تلك الذكرى أن تحفظه من الشرّ. . . أما لو كان الإنسان يحمل معه العديد من هذه الذكريات في الحياة فسوف يبقى آمنا لبقية أيام عمره.

نبذة عن المؤلف

أصبح الناس يتوقعون الحصول على نصائح تربوية سديدة من المؤلف يوهان كريستوف آرنولد Johann Christoph Arnold، فهو مؤلف حائز على جائزة أفضل المبيعات بفضل مبيعات كتبه المطبوعة لأكثر من مليون نسخة، وفي أكثر من عشرين لغة.

وهو بالإضافة إلى كونه متحدثا وكاتبا مرموقا في مسائل الزواج وتربية الأطفال والتعليم ومواجهة نهاية الحياة، فأن يوهان كريستوف آرنولد هو قسيس أقدم في برودرهوف Bruderhof، وهي مجتمعات مسالمة تعيش حياة مسيحية مشتركة. ويقدم المشورة والنصح مع زوجته فيرينا Verena للآلاف من الأفراد والأسر على مدى الأربعين سنة الماضية.

وقد تبلورت رسالة المؤلف يوهان بفضل لقاءات عديدة مع

كبار صانعي السلام أمثال مارتن لوثر كينج، والأم تيريزا، ودوروثي داي، وسيزار تشافيز، والبابا يوحنا بولس الثاني. وقد أسس يوهان مع ضابط الشرطة المصاب بالشلل ستيفن ماكدونالد Steven McDonald، برنامج كسر الدائرة Breaking the Cycle، واحتكّ بالعديد من الطلاب في مئات المدارس الثانوية العامة لترويج المصالحة من خلال المغفرة والمسامحة. وقد أخذه هذا العمل أيضا إلى مناطق الصراع في بقاع مختلفة من العالم مثل أيرلندا الشمالية ورواندا ومنطقة الشرق الأوسط. أما في بلده الولايات المتحدة الأمريكية فيخدم كقسيس لإدارة الشرطة المحلية أيضا.

وقد وُلد في بريطانيا في عام 1940م لأسرة ألمانية لاجئة. وقضى سنوات صباه في أمريكا الجنوبية، حيث حصل والداه على حق اللجوء أثناء الحرب العالمية الثانية؛ ومن ثم هاجر إلى الولايات المتحدة الأمريكية في عام 1955م. ولديه مع زوجته ثمانية أولاد و40 حفيدا، وابن واحد لحفيدهما، لكنهما يعتبران أي طفل يريانه هو حفيدهما. ويسكنون في شمال ولاية نيويورك الأمريكية.

الموارد التربوية

تواصلوا مع هذه المنظمات التربوية التي تعمل بنشاط لصالح الأطفال:

Alliance for Childhood	http://alliancetorchildhood.org/
Association for Childhood Education International	http://acei.org/
Breaking the Cycle	http://www.breakingthecycle.com/
Campaign for a Commercial–Free Childhood	http://commercialfreechildhood. org/
Children and Nature Network	http://www.childrenandnature.org/
Defending the Early Years	http://www.deyproject.org/
Roots of Empathy	http://www.rootsofempathy.org/
Save the Children	http://www.savethechildren. org/site/c.8rKLIXMGIpI4E/ b.6115947/k.B143/Official_USA_ Site.htm
TRUCE	http://www.truceteachers.org/
World Forum Foundation	https://worldforumfoundation.org/

الهوامش والمصادر

الفصل الأول: العالم بحاجة إلى أطفال

1. From a radio address, Franklin D. Roosevelt, White House Conference on Children in a Democracy, Washington, D.C., January 19, 1940.

2. Dr. S. K. Paul, ed., The Complete Poems of Rabindranath Tagore's Gitanjali: Texts and Critical Evaluation (New Delhi, India: Sarup & Sons, 2006), 372.

الفصل الثاني: اللعب هو شغل الطفل

1. James Hughes, Froebel's Educational Laws for All Teachers (New York: D. Appleton and Co., 1897), 102.

2. Edward Miller and Joan Almon, Crisis in the Kindergarten: Why Children Need to Play in School (College Park, MD: Alliance for Childhood, 2009), 11.

3. Valerie Strauss, "Kindergarten Teacher: My Job is Now About Tests and Data – not Children. I Quit," Washington Post, March 23, 2014.

4. Maggie Dent, "We Must Stop Stealing Childhood in the Name of Education," Teachers Matter, 1st edition, 2014.

5. For more about Finland's education, see: Tom Burridge, "Why do Finland's Schools Get the Best Results?" BBC World News America, April 7, 2010.

6. Friedrich Froebel, The Education of Man (New York: D. Appleton and Co., 1900), 55.

الفصل الثالث: توقعات الآباء الكبيرة

1. Katie Hurley, "Stressed Out in America: Five Reasons to Let Your Kids Play," Huffington Post, February 28, 2014.

2. Jeff Yang, "Tiger Babies Bite Back," The Wall Street Journal, May 14, 2013.

3. Writer and speaker Paul Tough's website: http: www.paultough.com/about-paul/qa, How Children Succeed, Q&A: "How did writing this book affect you as a parent?"

4. Friedrich Foerster, Hauptaufgaben der Erziehung (Freiburg, Germany: Herder, 1959), trans. Plough Publishing House.

5. Jessica Lahey, "Why Parents Need to Let Their Children Fail," Atlantic, January 29, 2013.

6. Naomi Schaefer Riley, "Dads: The Antidote to Helicopter Parenting," New York Post, May 5, 2014.

7. Jane Tyson Clement, No One Can Stem the Tide: Selected Poems (New York: Plough Publishing House, 2000), 39.

الفصل الرابع: شاشات الانعزال

1. Graeme Paton, "Infants Unable to Use Toy Building Blocks Due to iPad Addiction," Telegraph, May 30, 2014.

2. Kim John Payne, Simplicity Parenting: Using the Extraordinary Power of Less to Raise Calmer, Happier, and More Secure Kids (New York: Ballantine Books, 2010), 173.

3. Matt Richtel, "A Silicon Valley School That Doesn't Compute," New York Times, October 22, 2011.

الفصل الخامس: الطفل الماديّ

1. For media marketing statistics, see D.G. Singer & J. L. Singer, eds. The Handbook of Children and the Media (Thousand Oaks, CA: Sage, 2000), 375–393.

2. Jeffrey J. Froh and Giacomo Bono, Making Grateful Kids: The Science of Building Character (Templeton Press, 2014), excerpt from book description.

3. Hattie Garlick, "Successful Parenting Without Spending Money: a Mother's Story," Telegraph, August 5, 2013.

الفصل السادس: بالأفعال وليس بالأقوال

1. Marcy Musgrave, "Generation Has Some Questions," Dallas Morning News, May 2, 1999.

2. Fyodor Dostoyevsky, The Brothers Karamazov (New York: Random House, 1950), 383.

3. Barbara Kingsolver, "Either Life is Precious or It's Not," Los Angeles Times, May 2, 1999.

4. Malcolm X, The Autobiography of Malcolm X (New York: Ballantine Books, 1987), 411.

5. Trent Toone, "Ravi Zacharias Discusses the Bible, His Life, Families, and Religious Freedom," Deseret News, January 18, 2014.

الفصل السابع: الإرشاد التنموي

1. Dorothy Law Nolte, Children Learn What They Live: Parenting to Inspire Values (Workman Publishing, 1998), vi.

2. Betty Jean Lifton, The King of Children: The Life and Death of Janusz

Korczak (New York: St. Martin's Press, 1997), 80.

3. Anthony Bloom, Beginning to Pray (Mahwah, NJ: Paulist Press, 1970), 5.

4. The Editorial Board, "Giving Up on Four-Year-Olds," New York Times, March 26, 2014.

الفصل الثامن: الإشادة بالأطفال المُتْعِبين

1. For Ritalin statistics, see: http://www.pbs.org/wgbh/pages/frontline/shows/medicating/drugs/stats.html

2. From Peter Breggin's March 29, 2000 interview with epidemiologist Michael Savage, posted on NewsMax.com.

3. YouTube: Temple Grandin, "The World Needs All Kinds of Minds."

4. Carl C. Gaither and Alma E. Cavazos-Gaither, eds., Gaither's Dictionary of Scientific Quotations, 2nd edition, (New York: Springer, 2012), 483, 1956.

5. Thomas Lickona, Raising Good Children (New York: Bantam Books, 1994), 125.

6. Steven McDonald, NYPD detective and speaker for Breaking the Cycle, first introduced "You Are Very Special" to our staff. The original text was written by a group of students.

الفصل التاسع: إكتشاف التوقير

1. Herman Hesse, Vivos Vocos, March 1919, as translated and quoted by Eberhard Arnold in Salt and Light (New York: Plough Publishing House, 1997), 48.

2. Diane Levin, Beyond Remote-Controlled Childhood: Teaching Young Children in the Media Age (Washington DC: NAEYC, 2013), 16, 37.

Copyright © 2013 National Association of the Education of Young Children®. Reprinted with permission.

3. Helen Handley and Andra Samelson, eds., Child: Quotations about the Delight and Mystery of Being a Child (New York: Penguin Books, 1990), 74.

4. Eberhard Arnold, Children's Education in Community (New York: Plough Publishing House, 1976), 13–14.

5. Erich Maria Remarque, The Road Back (Fawcett Publishing, 1998), 252–255.

6. Gordon, Mary, Roots of Empathy: Changing the World, Child by Child (Toronto: Thomas Allen Publishers, 2005), 5–6.

7. Stanley Vishnewski, comp., Dorothy Day: Meditations (Newman Press, 1970), 10.

الفصل العاشـر: الغَدُ آتٍ

1. Kahlil Gibran, The Prophet (Eastford, CT: Martino Fine Books, 2011), 26.

2. Eberhard Arnold, Children's Education in Community (New York: Plough Publishing House, 1976), 23.

3. Eberhard Arnold, from an undated letter (probably October 1908) to his fiancée, Emmy von Hollander, trans. Plough Publishing House.

4. Friedrich Foerster, Hauptaufgaben der Erziehung (Freiburg, Germany: Herder, 1959), Plough Publishing House translation.

5. Viktor Frankl, The Doctor and the Soul: from Psychotherapy to Logotherapy (Vintage, 1986), xxi.

6. Uwe Holmer's story has been reported in books, magazines, and on the internet. The direct quotes are translated from Thomas Lackmann,

"Beim Abschied umarmten wir uns" (an interview with Uwe Holmer), Der Tagesspiegel, Beilage Weltspiegel Nr. 16860.

7. Janusz Korczak, Loving Every Child: Wisdom for Parents (New York: Workman Publishing, 2007), 1.

8. Dorothy Day, From Union Square to Rome (Preservation of the Faith Press, 1938), 127.

9. Fyodor Dostoyevsky, The Brothers Karamazov (New York: Random House, 1950), 938.

كتب أخرى صادرة عن المؤلف يوهان كريستوف آرنولد:

لماذا نغفر؟

قصص حقيقية عن الشفاء من سرطان الكراهية والانتقام. فالغفران هو السبيل الأكيد للخروج بنا من مأزق البغض والضغينة والاستياء ودوامة الأخذ بالثأر التي ليس لها نهاية وإيقاف أنهار الدماء. وبالرغم من الصعوبة التي تتطلبها المسامحة للمعتدي، إلا أننا نرى في هذه القصص أن الناس رفضوا البقاء ضحية الفواجع التي حلّت بهم، وحصلوا على التحرّر النفسي بالغفران والمسامحة. وطبعا الكلام أسهل من التطبيق.

الجنس والله والزواج

دعوة إلى حياة العِفَّة والنقاوة. وفيه هامش من البابا ورسالة من الأم تيريزا. ويتعمق الكاتب كريستوف إلى جذور معضلات الزواج تعمقا غير مألوف ويختلف عن الغالبية العظمى لكتب الزواج، فيضع أصبعه على الجرح الذي هو افتقارنا لعلاقة وطيدة مع الله، تلك العلاقة التي لها دورها الحاسم في التأثير في الآخرين الذين في حياتنا. كما يشمل الكتاب الخدمة التي يقدمها العزاب ونصائح إلى المقبلين على الزواج بالإضافة إلى موضوع الشذوذ الجنسي.

لماذا يهمنا الأطفال

كتاب عن التربية المسيحية، يكتب مقدمته الكاردينال دولان. فتربية الأطفال عمرها ما كانت صعبة مثلما هي عليه الآن في هذا الزمان. لذلك يقدم لنا الكاتب يوهان كريستوف آرنولد حكمة تربوية واقعية ومعقولة ومجربة حول أكثر ما يحتاجه الأطفال وما يجعل الأسرة متماسكة وكيفية اكتشاف الوالدين البهجة في التربية.

اتصلوا بدار المحراث لطلب نسخ من هذه الكتب:

www.plough.com/ar